오쇼의 변형 타로

변형

• 오쇼의 변형 타로 •

변형

오쇼 지음 | 이선화 옮김

슈리 크리슈나다스 아쉬람

머리말 **8**

머리말

자신의 내면에서 일어나는 모든 것을 알게 된 사람의 광채는 거대하다.

자각에 의해 거짓된 모든 것은 사라지고 실재하는 모든 것은 풍요로워진다.

이것 이외에는 어떠한 근본적인 변형도 가능하지 않다.

어떤 종교도, 어떤 메시아도 그대에게 그것을 줄 수 없다.

그것은 그대가 그대 자신에게 주어야 하는 선물이다.

-오쇼-

오쇼 변형 타로 카드는 자기 발견을 위한 도구이다. 각각의 카드는 소생과 변화를 위한 문으로 가는 길을 가리키고 있다. 만약 우리가 우리 자신의 숨겨진 잠재력을 더욱 자각하는 법을 배울 수만 있다면, 우리는 소생하고 변화될 수 있다.

이 가이드와 함께 실린 글의 출처는 세계의 위대한 지혜의 전통들을 하나로 묶는 영원한 맥락 안에 놓여 있다. 수피의 황홀경의 길에서 나온 이야기들은 선(禪)의 세속적인 우화들과 어울린다. 예수의 열정과 사랑은 붓다의 순수와 지혜에 의해 보완된다. 그리고 이 위대한 전통들의 심오한 진리들은 단순한 이야기들과 우화들 속에 담겨 있기에 그것들은 우리의 가슴속으로 깊이 들어온다. 우리는 이 이야기들을 쉽게 기억할 수 있으며, 우리의 일상생활에서 일어나는 일들에 반영시켜 볼 수 있다. 각각의 이야기에 담긴 인물들을 알고 이해하게 됨으로써 우리는 그들의 슬픔과 기쁨들을 우리 자신의 것을 비추는 거울로서 볼 수 있다. 서서히 우리는 지금까지 우리를 지배해 왔던 내면의 모든 '해야 하는 것'들과 '하면 안 되는 것'들의 매듭을 풀기 시작한다. 그리고 일단 우리가 이런 짐들로부터 해방되면, 우리는 내면의 열린 공간을 발견하게 되는데, 그 공간은 진정한 변형이 뿌리 내리고 자라나는 토양이다.

오쇼의 변형 타로는 다양한 방법으로 사용될 수 있다. 한 장의 카드를 고르고 그 카드에 해당하는 이야기를 하루 동안에 묵상하기

위한 주제로 읽을 수 있다. 또는 이 책에서 제안하는 간단한 배열 방법에 따라 여러 장의 카드를 배열하여, 지금 당장 직면하고 있는 특정한 삶의 질문에 대한 통찰을 얻을 수도 있다.

카드 사용하기

변화는 내면의 가장 깊은 핵심에서 일어나야 한다. 그것은 주변부에서 오지 않는다. 모든 소동은 주변부에서 일어난다. 내면의 깊은 그곳에는 소동이 없다. 당신은 바다와 같다. 가서 바다를 보라. 모든 소동, 부딪치는 모든 파도는 표면에서 일어나고 있을 뿐이다. 그러나 당신이 깊이 들어간다면, 깊이 들어갈수록 그곳은 더욱더 고요하다. 바다의 가장 깊은 곳에는 아무런 소동이 없으며 하나의 파도도 없다.

먼저 내면의 바다로 깊이 들어가라. 그러면 당신은 고요한 결정체에 도달하며, 어떤 방해도 도달한 적이 없는 지점에 이르게 된다. 거기에 있어라. 그곳으로부터 모든 변화가 일어나고, 모든 변형이 일어난다. 거기에 있으면 당신은 자기 자신의 스승이 된다.

-오쇼-

타로 변형 카드의 사용은 명상의 형태가 될 수 있다. 자신을 위한 카드를 고르든, 다른 사람을 위해 카드를 읽든지 간에, 사전 준비를 위한 시간을 조금 가지는 것이 반드시 필요하다. 방해받지 않을 조용한 공간을 찾으라. 편안해질 때까지 이완하고 나서 열린 자세로 카드를 섞기 시작하라. 당신의 질문이나 관심사에 대한 답에 관하여 품고 있을 수 있는 선입견을 마음에서 모두 비우도록 하라. 카드를 읽을 때 마음을 산만하게 할 수 있는 다른 선입견들도 모두 버려라. 마음이 안정되고 편안해졌다고 느껴지면, 그림이 아래로 향하게 하여 부채꼴로 배열하고 카드를 한 장 선택하라.

선택한 카드를 바라볼 때, 글들은 대응하는 이야기나 우화 속에 담긴 더 큰 메시지를 가리키는 지시자일 뿐임을 기억하라. 심지어 겉보기에 부정적으로 보이는 글들도 변형과 더 큰 이해를 위한 숨겨진 잠재력으로 가는 길을 가리킨다. 이것은 카드에 설명된 이야기를 읽을 때 더욱 분명해질 것이다.

마지막으로, 당신이 추구하는 것이 내적이든 외적이든 늘 가벼운 마음으로 즐겁게 찾으라는 오쇼의 메시지를 기억하라. 그는 말한다. "즐거운 마음으로 삶을 받아들여라. 편안한 마음으로 삶을 받아들여라. 불필요한 문제들을 일으키지 말라. 당신의 문제 중 99%는 삶을 심각하게 받아들이기 때문에 자초하는 것이다. 심각함이 문제들의 근원이다. 즐겁게 놀아라…… 생생하게 살아 있어라. 풍요롭게 살아라. 매 순간을 마치 마지막 순간인 것처럼 살아라. 강렬하게 살아라. 당신의 빛이 양 옆에서 함께 타오르게 하라. 단 한 순간만이라도 그렇게 한다면, 그것으로 충분하다. 한 순간만이라도 강렬한 전체성으로 있을 수 있다면, 그것은 당신이 영원성을 맛보기에 충분한 시간이다."

카드 읽기에 사용할 수 있는 간단한 배열법이 있다.

1. 오늘을 위한 명상

마음속에 어떤 질문도 품지 않고, 단 한 장의 카드를 고르라. 카드에 대한 이야기를 읽고 최대한 가슴 깊이 받아들이라. 그러면 그날 하루 동안 마음속에 그 이야기를 간직하게 될 것이다. 그 이야기를 상기하고 싶다면 카드를 지니고 있어도 좋다. 그날 일어나는 사건들을 살펴보라. 카드로부터 받은 메시지나 통찰과 관련될 수 있다.

2. 관계

이 배열은 친구든, 연인이든, 사업상의 관계이든 간에, 다른 사람과의 관계에 대한 통찰을 얻는 데 사용될 수 있다.

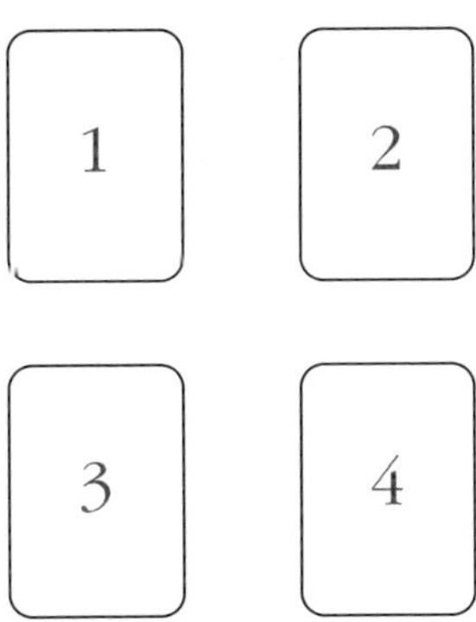

카드를 섞은 뒤 부채꼴로 펼친 다음, 네 장을 골라서 이 그림처럼 배열한다.

1) 첫 번째 카드는 당신 자신, 그리고 당신이 관계에 가져오는 것, 또는 그것이 당신에게 가르치는 교훈을 나타낸다.

2) 두 번째 카드는 다른 사람, 그리고 그가 관계에 가져오는 것을 나타낸다.

3) 세 번째 카드는 관계 자체의 역동성, 그리고 당신과 그 사람 사이에 일어나는 상호 작용의 성질이나 특징을 나타낸다.

4) 네 번째 마지막 카드는 관계에 관한 통찰을 나타내며, 가장 높은 잠재력을 여는 열쇠를 담고 있다.

3. 간단한 십자가 배열 – 안과 밖

오쇼는 십자가가 존재의 내적, 외적 차원들을 나타내는 하나의 상징이라고 말한다. 즉, 가로선은 외부 세계의 사건들과 시간을 나타내고, 세로선은 무의식적인 습관으로부터의 성장과 의식적인 자각에 대한 가정이다. 이 배열은 이 두 차원에 대한 리딩과 지금 바로 당신의 삶에 그것들이 어떻게 영향을 미치고 있는지를 알려준다.

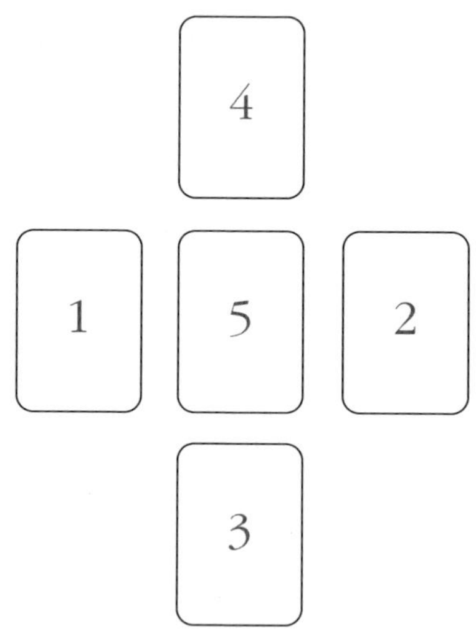

다음과 같이 다섯 장의 카드를 고른다.

1) 첫 번째 카드는 가로선의 시작하는 지점에 놓이는데, 당신의 삶에서 최근의 사건들과 상황들을 나타낸다. 또는 당신이나 당신의 질문에 영향을 미치고 있지만 당신이 충분히 알아차리지 못할 수 있는 외부의 영향력들을 나타낼 수도 있다.

2) 두 번째 카드는 가로선의 끝에 놓이며, 외부 사건들이 향하고 있는 방향, 또는 당신이 알아차리고 있는 외적 영향력을 나타낸다.

3) 세 번째 카드는 십자가의 맨 밑에 놓이며, 당신이 알아차리지 못할 수 있는 내적 영향력들이나 성질들, 즉 이제 당신의 내면에 뿌리를 내리려고 준비하는 변형의 씨앗을 나타낸다.

4) 네 번째 카드는 꼭대기에 놓이는데, 당신의 내적 자각이 성장하는 방향을 의미하거나, 이제 막 당신에게 일어나고 있는 새로운 이해의 수준을 의미한다.

5) 마지막 카드는 중앙에 놓이며, 당신 삶의 수평적인 차원과 수직적인 차원을 통합하는 열쇠를 나타낸다. 이것은 또한 당신이 지금 당장 습득해야 하는 가장 중요한 내적 이해를 상징할 수도 있다.

4. 선택 없는 자각

두 양자택일 간에 한 가지를 고르고, 각각의 내면에 놓인 숨겨진 가능성을 알아보는 데 도움을 주는 방법이다.

주의: 당신이 고른 첫 번째 카드는 밑으로 향하게 하여 왼쪽에 놓도록 하고, 다른 모든 카드를 선택하고 펼쳐 본 다음에 마지막으로 보아야 한다.

1) 카드를 한 장 고른 뒤 밑으로 향하게 하여 왼쪽에 놓는다.
2) '대안 1'을 위하여 세 장의 카드를 고른 뒤, 카드를 위로 향하게 하여 아래의 그림처럼 배열한다.
3) 이제 '대안 2'를 위하여 세 장의 카드를 고른 뒤, 카드를 위로 향하게 하여 배열한다.

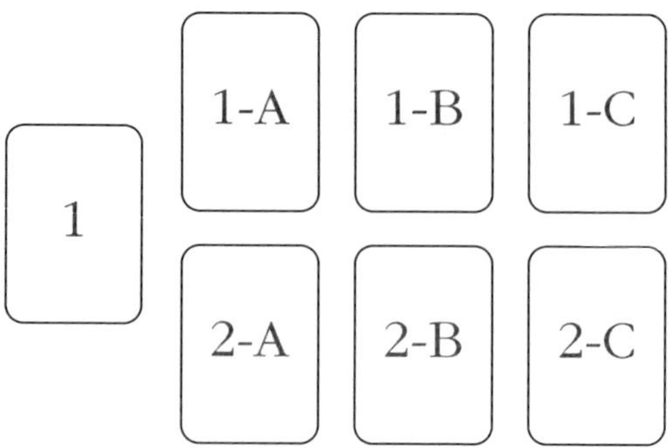

위아래 양 라인의 첫 번째 카드는 당신이 이 선택을 해야 할 때 마음에 주어지는 도전과 기회를 나타낸다. 이 카드는 "이 선택을 한 다면, 어떤 새로운 지적 이해 혹은 지적 창조성이 내게 주어질 것인가?"라는 질문에 답을 한다. 두 번째 카드는 각각의 결정으로부터 일어나는 정서적인 영향력들, 즉 느낌의 세계에서 일어날 것들을 나타낸다. 그리고 세 번째 '나타남' 카드는 각각의 경우 당신이 선택한 결과로 당신의 삶에서 어떤 더 넓은 변화들과 이해가 일어날 것 같은지를 나타낸다.

4) 두 가지 대안의 암시들을 살펴본 다음, '선택 없는 선택'이 무엇을 가져올지에 대한 통찰을 위하여 첫 번째 카드를 뒤집어 본다.

1

무심

무심(無心)의 상태는 신의 상태이다. 신은 하나의 생각이 아니라 생각 없음의 경험이다. 그것은 마음속에 있는 하나의 내용물이 아니다. 그것은 마음속에 내용이 없을 때 터져 나온다. 그것은 당신이 볼 수 있는 대상이 아니다. 보는 능력, 바로 그것이다. 보이는 것이 아니라 보는 자다. 그것은 하늘에 모여드는 구름과 같지 않으며, 구름 한 점 없는 하늘이다. 텅 빈 하늘이다.

의식이 대상을 향해 밖으로 나가지 않을 때, 볼 것이 아무것도 없고, 생각할 것이 아무것도 없을 때, 오로지 텅 빔만이 남을 때, 그때 당신은 자기 자신을 만나게 된다. 갈 곳이 없다. 당신은 편안히 쉬며 자신의 근원으로 들어간다. 그 근원이 바로 신이다.

무심

궁극적인 것, 표현할 수 없는 것

당신의 내적 존재란 바로 내면의 하늘을 말한다. 하늘은 텅 비어 있다. 하지만 그것은 모든 것, 존재 전체, 태양, 달, 별, 지구, 행성들을 수용하는 텅 빈 하늘이다. 그것은 존재하는 모든 것에 공간을 주는 텅 빈 하늘이다. 존재하는 모든 것의 배경이 되는 텅 빈 하늘이다. 사물들은 오고 가지만, 하늘은 그대로 있다.

이와 똑같이, 당신에게는 내면의 하늘이 있다. 그 하늘도 텅 비어 있다. 구름들이 오고 가며, 행성들이 태어나고 사라지며, 별이 뜨고 지지만, 내면의 하늘은 접촉되지 않고, 더럽혀지지 않고, 상처받지 않은 채 그대로 있다. 우리는 그런 내면의 하늘을 샥신(sakshin) 즉 목격자라고 부르는데, 그것은 명상의 전체 목표이다.

안으로 들어가 내면의 하늘을 즐겨라. 기억하라, 당신이 무엇을 보든지 당신은 그것이 아니다. 당신이 생각들을 볼 수 있다면, 당신은 생각들이 아니다. 당신이 느낌들을 볼 수 있다면, 당신은 느낌들이 아니다. 당신이 꿈과 욕망, 기억, 상상, 두려움들을 볼 수 있다면, 당신은 그것들이 아니다. 당신이 볼 수 있는 모든 것을 계속 제거해 나가라. 그러면 어느 날 위대한 순간이 온다. 자신의 인생에서 가장 중요한 순간, 거부할 것이 아무것도 남아 있지 않은 때가 온다. 보이는 것은 모두 사라지고, 보는 자만이 있다. 그 보는 자가 곧 텅 빈 하늘이다.

그것을 알면 두려움이 없어지고, 그것을 알면 사랑으로 가득 차게 된다. 그것을 아는 것은 신으로 있는 것이며, 불멸로 있는 것이다.

하늘을 더럽히거나, 하늘에 흔적과 표시를 남길 방법은 없다. 우리는 물 위에 선을 그을 수 있다. 하지만 선은 긋자마자 사라진다. 그러나 만약 선이 돌 위에 그어졌다면 수천 년 동안 지속될 것이다. 하늘에는 선을 그을 수 없다. 따라서 선이 사라지는 문제도 있을 수 없다. 이 차이를 이해하라. 하늘에는 선을 그을 수 없다. 내가 손가락을 움직여 하늘에 선을 그을 수 있겠지만, 손가락이 지나가도 선은 그어지지 않으며, 따라서 선이 사라진다는 문제도 생기지 않는다.

사람이 마음을 넘어서는 날, 의식이 마음을 초월할 때, 그는 영혼에는 하늘에서처럼 이제까지 어떠한 표시나 선도 그어진 적이 없음을 경험하게 된다. 그것은 영원히 순수하고, 영원히 빛을 발하며, 어떤 오염도 발생한 적이 없다.

2

교감

인간은 섬처럼 살고 있다. 그 점에서 모든 불행이 시작된다. 오래 전부터 사람들은 존재로부터 벗어나 독립적으로 살려고 노력했다. 그것은 사물의 본질상 불가능하다. 인간은 독립할 수도 없고 의존할 수도 없다. 존재는 상호 의존의 상태에 있다. 모든 것은 다른 모든 것에 의존한다. 위계는 없다. 누구도 더 낮지 않으며, 누구도 더 높지 않다. 존재는 하나의 교감이며, 모든 것을 향한 영원한 연애이다.

그러나 인간이 더 높아져야 하고 우월해야 하고 특별해야 한다는 생각이 문제를 일으킨다. 인간은 아무것도 아니어야 한다. 인간은 전체에 녹아들어야 한다. 그리고 우리가 모든 경계를 무너뜨릴 때, 교감이 일어나며 그 교감은 축복이 된다. 전체와 하나로 있는 것이 전부다. 그것이 종교성의 핵심이다.

교감

내외의 조회

헤라클레이토스는 말한다. 바라는 대로 일들이 일어난다면 사람들은 더 나아지지 않을 것이다. 만약 당신이 예기치 않은 것을 기대하지 않는다면, 당신은 진리를 발견하지 못할 것이다. 그것은 발견하기도 어려우며 얻기도 어렵기 때문이다. 자연은 숨기를 좋아한다. 델포이에 신탁을 맡긴 신은 말하지도 않고 숨기지도 않고 있으며, 단지 신호를 보내고 있을 뿐이다.

존재에는 언어가 없다. 그래서 만약 당신이 언어에 의존한다면, 당신은 존재와 소통할 수 없다. 존재는 불가사의다. 따라서 당신은 그것을 해석할 수도 없다. 해석하려 한다면 그것을 놓치게 된다. 존재는 살아야 할 것이지, 생각될 수 있는 대상이 아니다. 존재는 철학과는 멀고 시와는 가깝다. 그것은 신호이며 문이다. 존재는 보여 줄 뿐, 말하지 않는다. 마음을 통해서는 존재에게 접근할 수 없다. 만약 당신이 존재에 대해 생각한다면, 당신은 존재에 대하여 언제까지나 생각하고 또 생각할 수 있다. 하지만 결코 존재에 도달하지는 못할 것이다. 왜냐하면 생각하는 것이 바로 장벽이기 때문이다. 생각하는 것은 개인적인 세계이며, 당신에게 속해 있다. 그러면 당신은 자신 안에 갇히게 되고, 밀봉되고, 수감된다. 생각하지 않으면, 더 이상 갇혀 있지 않게 된다. 당신은 열려 있고, 스며들 수 있으며, 존재는 당신 안으로 흐르고, 당신은 존재 안으로 흐른다.

듣는 법을 배우라. 듣는다는 것은 당신이 열려 있고, 상처받기 쉬우며, 수용적이라는 것을 의미하지만, 동시에 생각하고 있지 않다는 것을 뜻한다. 생각하는 것은 능동적인 행위다. 듣는 것은 수동성이다. 당신은 계곡처럼 되어 받아들인다. 자궁처럼 되어서 받아들인다. 만약 당신이 들을 수 있다면, 자연이 말한다. 그러나 그것은 언어가 아니다. 자연은 언어를 이용하지 않는다. 그러면 자연은 무엇을 이용하는가? 헤라클레이토스는 자연이 신호를 이용한다고 말한다. 꽃이 있다. 꽃 속에 어떤 신호가 있는가? 꽃은 아무 말도 하지 않는다. 하지만 당신은 꽃이 아무 말도 하지 않는다고 장담할 수 있는가? 꽃은 많은 말을 하고 있다. 단지 단어를 사용하지 않을 뿐이다. 단어가 없는 메시지를…….

언어 없는 말을 듣기 위해서는 당신이 언어가 없어야 한다. 왜냐하면 같은 것이 같은 것을 들을 수 있으며, 같은 것만이 같은 것에게 말할 수 있기 때문이나.

꽃 옆에 앉아라. 사람이 아니라 꽃으로 있어라. 나무 옆에 앉아라. 사람이 아니라 나무로 있어라. 강에서 목욕을 하라. 사람이 아니라 강물로 있어라. 그러고 나면 수백만의 신호들이 당신에게 전해질 것이다. 그리고 그것은 의사소통이 아니라 영적 교감이다. 그러면 자연이 말을 한다. 수천 가지 말로 말을 한다. 하지만 그것은 언어가 아니다.

3

깨달음

무슨 일을 하든지 방심하지 말고 주의 깊게 행하라. 그러면 아주 사소한 일이라도 신성해진다. 요리나 청소도 신성해진다. 요리나 청소는 경배가 된다. 문제는 무엇을 하고 있느냐가 아니라, 어떻게 하고 있느냐다. 당신은 기계인 로봇처럼 바닥을 청소할 수 있다. 당신은 바닥을 청소해야 하므로 청소를 하는 것이다. 그러면 당신은 아름다운 어떤 것을 놓치게 된다. 바닥을 청소하는 것은 훌륭한 경험이 될 수 있었다. 당신은 그것을 놓쳤다. 바닥은 깨끗해졌지만, 당신의 내면에서 일어날 수 있었던 어떤 일이 일어나지 않았다. 만약 당신이 자각하면서 주의 깊게 행했더라면, 바닥뿐 아니라 당신 자신도 깊이 정화되는 것을 느꼈을 것이다.

완전히 자각하며, 자각으로 밝아져서 바닥을 청소하라. 일하고, 앉고, 걸어라. 하지만 한 가지 계속해서 이어져야만 하는 것이 있다. 당신 삶의 점점 더 많은 순간이 자각으로 밝아지게 하라. 자각의 촛불이 매 순간, 매 행동마다 타오르게 하라. 이것이 계속 쌓이게 되면, 그 결과로 모든 순간들이 모여, 모든 작은 촛불들이 모여 빛의 위대한 근원이 된다.

깨달음

왜 붓다는 천국의 문 앞에서 기다리는가

이 이야기는 고타마 붓다가 죽어서 천국의 문 앞에 이르렀을 때의 일이다. 천국의 문은 좀처럼 열리지 않는다. 이따금씩 수백 년마다 열릴 뿐이다. 그래서 방문자들은 매일 오지 않는다. 그리고 누군가가 그 문에 올 때마다 천국에 있는 모든 이들이 그 일을 축하한다. 또 하나의 의식이 꽃 피어났으며, 존재는 이전보다 더욱 풍요로워졌다.

문이 열렸다. 그리고 이전에 천국에 온 깨달은 사람들이 있었다. 불교에는 신이 없지만, 이 깨달은 사람들은 신과 마찬가지이므로 거기에는 깨달은 사람만큼 많은 수의 신들이 있었다. 그들은 모두 문 앞으로 모여들어 음악을 연주하고 노래를 부르고 춤을 추었다. 그들은 고타마 붓다를 환영하려 했다. 그러나 놀랍게도 그는 문을 등지고 서 있었다. 그의 시선은 여전히 그가 떠나온 건너편 강기슭을 향하고 있었다.

그늘은 물었다. "이상한 일이군요. 당신은 누구를 기다리는 겁니까?"

붓다는 다음과 같이 말했다고 전해진다. "나는 가슴이 그리 좁은 사람이 아닙니다. 나는 내가 떠나온 곳에서 이곳으로 오기 위해 애쓰고 있는 모든 사람을 기다리고 있습니다. 그들은 나의 동료 여행자들입니다. 이 문을 닫아도 괜찮습니다. 내가 천국으로 들어가는 것을 축하하려면 좀 더 기다려야 할 것입니다. 왜냐하면 나는 이 문에 제일 마지막으로 들어가기로 결심했기 때문입니다. 모든 사람들이 깨달음을 얻어 이 문으로 들어갈 때, 그래서 문 밖에 아무도 없을 때 나는 들어갈 것입니다."

이것은 사실이 아닌 하나의 이야기다. 실화일 리가 없다. 그리고 당신이 결정할 수 있는 일이 아니다. 일단 깨달으면, 생명의 우주적인 근원으로 들어가야 할 것이다. 선택하거나 결정할 문제가 아니다. 그러나 이 이야기는 그가 죽은 뒤에도 여전히 노력할 것이란 점을 말한다. 이 이야기는 붓다가 죽기 전 마지막 날에, 자신이 앞으로 어떻게 할 것인지, 즉 우리 모두를 기다리겠다고 말했다는 이야기에서 비롯되었다.

그는 더 이상 여기서 기다릴 수 없다. 그는 이미 그의 때를 넘기면서 기다려왔다. 그는 이전에 가야 했었다. 하지만 당신의 불행과 고통을 보면서 어떻게든 남아 있었다. 그러나 그것은 점점 불가능해졌다. 그는 마지못해 당신을 떠나야만 할 것이다. 하지만 그는 건너편 강기슭에서 당신을 기다릴 것이다. 그는 천국에 들어가지 않을 것이다. 그것은 약속이다. "잊지 마십시오. 나는 수백 년 동안 그곳에 서 있을 것입니다. 하지만 서두르십시오. 나를 낙심시키지 마십시오. 내가 너무 오랫동안 기다리지 않게 하십시오."

4

솔직함

단 한 가지만 기억하라. 당신 자신에게 진실하고 솔직하라. 어떤 대가를 치르더라도 당신의 진실을 말하라. 그로 인해 삶이 위험에 처하더라도 그것을 받아들여라. 왜냐하면 진실은 다른 무엇보다 훨씬 가치 있는 것이며, 진실이 곧 참된 삶이기 때문이다.

솔직함

달마의 제자 찾기

달마는 중국에 선종을 전파한 사람이다. 황제는 국경으로 그를 마중 나왔다. 만약 누군가가 달마가 있는 곳에 있으면 황제는 그 무례함의 대가로 즉시 그 사람의 머리를 자르도록 했다. 황제는 수백 개의 사원을 만들었고 수천 개의 불상을 만들었다. 천 명에 이르는 학자들이 끊임없이 붓다의 법문을 팔리어에서 중국어로 번역하고 있었다. 그리고 천 명에 이르는 스님들이 황제의 돈으로 양성되고 있었다. 그는 중국에서 붓다가 나오도록 하기 위해 많은 노력을 했다. 그는 마땅히 감사받아야 한다고 생각했다. 그래서 그는 "내가 이 모든 일을 했습니다. 이 많은 것을 행했으니 어떤 공덕이 있겠습니까?"라고 물었다.

모든 대신들이 배석해 있는 자리에서 달마는 황제에게 말했다.

“공덕이라고요? 이런 어리석은 자여.” 침묵이 흘렀다. 그는 말했다. “당신은 곧바로 지옥으로 떨어질 것입니다.”

황제는 이해할 수 없었다. 황제가 말했다. “당신이 왜 그리 화를 내는지 모르겠습니다.”

달마가 대답했다. “당신은 살아 있는 말을 파괴하고 있습니다. 그리고 사람들의 의식에 아무런 도움도 주지 못하는 이런 학자들이나 양성하고 있습니다. 그런데도 자신의 공덕이 얼마나 되느냐고 물을 수 있습니까? 당신은 지옥 불에서 고통 받게 될 것입니다!”

황제는 생각했다. “이 사람의 함정에서 어떻게 빠져나가야 할까? 나는 호랑이 굴로 들어왔고, 여기서 빠져나가기는 여간 어렵지 않겠구나.” 황제는 돌아갔고, 달마는 중국 국경 근처의 산에 머물렀다. 사원에 앉아 9년 동안 벽을 바라보면서 그는 말했다. “이해하지 못하는 사람에게 말하는 것은 벽에 대고 말하는 것과 다르지 않다. 그러나 벽에 대고 말하는 사람은 적어도 그것이 벽이라는 것으로 위로를 받을 수 있다. 나는 앞으로 살아 있는 말을 들을 자격이 있는 사람이 찾아올 때만 비로소 얼굴을 돌릴 것이다.”

9년이란 시간이 흐른 어느 날 아침, 마침내 한 남자가 찾아왔다. 그는 말했다. “보세요, 저야말로 당신이 기다리고 있는 사람입니다.” 그 증거로 그는 검을 뽑아 자신의 손 하나를 잘라서 달마의 무릎에 던졌다. "고개를 돌려 저를 보십시오. 그렇지 않으면 제 목을 베겠습니다. 그 책임은 당신이 져야 할 것입니다!"

달마는 즉시 돌아보았다. 그리고 밀했나. "이것으로 충분하다. 이 것은 내가 원하는 만큼 그대가 미쳐 있다는 것을 보여 주기에 충분한 증거다. 앉으라. 우리는 머리를 사용해야 하니, 그대의 목을 벨 필요는 없다. 그대는 나의 후계자가 될 것이다."

자신의 진실한 구도심을 증명하기 위해 한 손을 자른 사람……달마는 만약 자신이 돌아보지 않았더라면 그가 머리도 잘랐을 것이라는 점을 의심치 않았다. 만약 달마가 돌아보지 않았다면, 그는 그토록 아름답고 용기 있는 사람을 죽인 데 대해 쓸데없이 짐을 져야 했을 것이다. 그 남자는 달마의 후계자가 되었다.

그러나 이 둘 사이에 무슨 일이 있었는지는 아무도 알지 못한다. 단 한마디의 말도 없었다. 달마는 그를 향해 돌아보았고, 앉으라고 했으며, 그의 눈을 들여다보았다. 눈이 내리고 있었고 거대한 침묵이 주변을 감싸고 있었다. 단 하나의 질문도 없었고, 단 한마디의 대답도 없었다. 하지만 분명히 어떤 일이 일어났다. 그렇지 않았더라면 달마는 그를 제자로 택하지 않았을 것이다.

우연한 결정적 사건

깨달음을 가져오는 것은 원인들에 따른 어떤 결과가 아니다. 구도, 강렬한 열망, 어떤 것이라도 하겠다는 마음의 준비, 아마도 이 모든 것이 함께 어우러져 생기는 당신 주변의 향기 안에서 그 위대한 사건이 일어나게 될 것이다.

우연한 결정적 사건

치요노와 물동이

비구니인 치요노는 오랫동안 공부했으나 깨닫지 못하였다. 어느 날 밤 그녀는 물이 가득 담긴 낡은 물동이를 나르고 있었다. 그녀는 걸어가면서 물동이 안의 물에 비친 보름달을 보고 있었다. 갑자기, 물동이를 이루고 있던 대나무 조각들이 부러지면서 물동이가 부서져 버렸다. 물이 밖으로 쏟아졌다. 물에 비치던 달은 사라졌다. 이때 치요노는 깨달았다. 그녀는 이 게송을 읊었다.

이렇게 저렇게, 저는 물동이를 유지하려고
노력했습니다.
약한 대나무가 부서지지 않기를 바라면서.
갑자기 물동이 밑이 빠져 버렸습니다.

더 이상 물은 없습니다.

물 속의 달도 없습니다.

세 손에는 텅 빈만이 남았습니다.

깨달음은 언제나 우연한 사건과 같다. 왜냐하면 그것은 예측할 수 없기 때문이다. 그것을 조절할 수 없고, 그것이 일어나도록 할 수도 없다. 하지만 이 말을 오해하지는 말라. 왜냐하면 내 말은 깨달음이 마치 우연히 일어나는 사건처럼 우연히 얻어지는 것이라는 뜻이지, 깨달음을 얻기 위해 아무것도 하지 말라는 뜻이 아니기 때문이다. 그 사건은 오로지 그것을 위해 많이 행해 온 사람들에게만 일어난다. 하지만 그들의 행위 때문에 일어나는 것은 결코 아니다. 행위는 그들에게 상황을 만드는 원인일 뿐이다. 그러면 그들에게 사건이 일어나기 쉬워진다. 단지 그뿐이다. 그것이 이 아름다운 우연한 사건의 의미이다.

치요노에 관하여 이야기하고자 한다. 그녀는 매우 아름다운 여자였다. 그녀가 젊었을 때는 황제와 왕자들마저 그녀를 흠모했다. 하지만 그녀는 거절했다. 단지 신만을 사랑하는 사람이 되기를 원했기 때문이다. 그녀는 비구니가 되기 위해서 여러 수도원을 찾아갔다. 그러나 훌륭한 스승들마저 그녀를 거절했다. 왜냐하면 수도원에는 많은 비구들이 있었는데, 그녀가 너무 아름다워서 그들이 신뿐만 아니라 모든 것을 잊을 것이라고 생각했기 때문이다. 그래서 어느 곳에서도 그녀를 받아 주지 않았다.

그래서 치요노는 어떻게 했을까? 다른 방법을 찾을 수 없던 그녀는 얼굴 전체에 화상을 입혀 흉터를 남겼다. 그러고 나서 한 스승을 찾아갔다. 그는 그녀가 여자인지 남자인지도 알아보지 못했다. 그리하여 그녀는 비구니로 받아들여졌다. 그녀는 30, 40년 동안 계속해서 공부하고 명상했다. 그러다가 갑자기, 어느 날 밤…… 그녀는 물동이에 비친 달을 바라보고 있었다. 돌연 물동이가 부서졌고, 물이 쏟아졌으며, 달은 사라졌다. 그것이 계기가 되었다.

옛 것이 사라지고 새로운 것이 시작될 때는, 당신이 새로 거듭날 때는 항상 어떤 계기가 있다. 그것이 계기가 되었다. 갑자기 물이 쏟아졌고 달은 없어졌다. 그래서 그녀는 고개를 들어 올려다보아야 했다. 진짜 달은 거기 있었다. 그녀는 갑자기 이 사실에 눈을 뜨게 되었다. 모든 것은 비춰진 것, 환영이었다. 왜냐하면 그것은 마음을 통해 보여졌기 때문이다. 물동이가 부서질 때, 내면의 마음도 함께 부서졌다. 준비가 되어 있었다. 할 수 있는 모든 일이 행해졌다. 그녀는 할 수 있는 모든 것을 했다. 남은 것은 없었다. 그녀는 준비 되어 있었고, 그것을 얻었다. 이 평범한 사건이 계기가 된 것이다.

갑자기 물동이 밑이 빠져 버렸습니다. - 그것은 우연한 사건이었다.

더 이상 물은 없습니다.

물 속의 달도 없습니다.

제 손에는 텅 빔만이 남았습니다.

이것이 깨달음이다. 당신의 손에 텅 빔이 있을 때, 모든 것이 텅 비어 있을 때, 아무도, 심지어 당신마저도 없을 때 당신은 선(禪)에 서 말하는 본래 면목에 이르렀다.

6

탐욕

사람들은 매우 탐욕스러워질 때마다 바삐 서두르게 된다. 그리고 속도를 더욱 높이기 위한 더 많은 방법들을 찾는다. 그들은 삶이 바닥나고 있다고 생각하기 때문에 쉬지 않고 달린다. 이들은 "시간이 돈이다."라고 말하는 사람들이다. 시간이 돈인가? 돈은 매우 제한되어 있다. 시간은 제한되어 있지 않다. 시간은 돈이 아니다. 시간은 영원이다. 그것은 언제나 거기에 있었고, 앞으로도 언제나 거기에 있을 것이다. 그리고 당신은 언제나 여기에 있었고, 앞으로도 언제나 여기에 있을 것이다.

그러므로 탐욕을 버려라. 결과에 대해 개의치 말라. 때때로 당신은 조급한 마음 때문에 많은 것을 놓친다.

탐욕

야망과 서두름에 관한 우화

오랜 옛날 인도의 우화가 하나 있다.

훌륭한 성인 나라다가 천국으로 가고 있었다. 그는 천국과 지상 사이를 여행하곤 했는데, 저 세계와 이 세계 사이를 오가는 집배원 역할을 했다. 그는 다리와 같았다.

나라다는 우연히 고대의 현자를 만났는데, 그는 나이가 아주 많았으며 나무 아래 앉아서 만트라를 암송하고 있었다. 그는 그 만트라를 오랜 세월 동안, 많은 생애 동안 암송해 왔다. 나라다는 그에게 물었다. "혹시 물어보고 싶은 것이 있나요? 신에게 전달할 말이 있나요?" 노인은 눈을 뜨고 말했다. "신에게 딱 하나만 물어봐 주십시오. 내가 얼마나 더 기다려야 합니까? 얼마나 오래? 이미 너무 오래 기다렸다고 신에게 전해 주십시오. 나는 많은 생애 동안 이 만트라를 암송해 왔습니다. 이제 얼마나 더 오래 해야 합니까? 나는 지쳤습니다. 지겹습니다."

노인의 곁에 있는 다른 나무 밑에서는 한 젊은이가 한 줄로 된 악기인 엑타라를 들고 연주하며 춤을 추고 있었다. 나라다는 그에게 농담 섞인 질문을 던졌다. "당신도 자신이 깨달음을 얻는 데 얼마나 시간이 걸릴지 물어보고 싶지 않나요?" 그러나 젊은이는 대답조차 하지 않았다. 그는 계속 춤을 추었다. 나라다가 다시 물었다. "나는 신에게 가고 있습니다. 전할 말씀이 있나요?" 하지만 젊은이는 웃기만 하고 계속 춤을 추었다.

며칠 뒤 그곳에 돌아온 나라다는 노인에게 말했다. "신은 당신이 적어도 세 번의 생을 더 기다려야 할 것이라고 말씀하셨습니다." 노인은 너무 화가 나서 염주를 집어던졌다. 그는 거의 나라다를 때릴 기세로 말했다. "이건 말도 안 돼! 나는 기다리고 또 기다렸고 온갖 수행을 다 했소. 찬송, 단식, 모든 종교의식들도 다 행했단 말이오. 나는 해야 할 일을 모두 다 했소. 세 번의 생이라니! 이건 너무 불공평해!"

젊은이는 여전히 나무 아래에서 기쁘게 춤을 추고 있었다. 나라다는 내키지 않았지만 그에게 다가가 말했다. "당신이 궁금해 하지는 않았지만 순전히 나의 호기심 때문에 신에게 물어봤습니다. 신은 저

노인이 세 번의 생을 더 기다려야 한다고 말했는데, 나는 노인의 곁에서 엑타라를 연주하며 춤을 추고 있는 젊은이는 얼마나 기다려야 하느냐고 물어봤습니다. 그러자 신은 당신이 옆에 있는 나무에 달린 잎들만큼 많은 생을 기다려야 할 것이라고 대답했습니다."

그러자 젊은이는 더 빨리 춤추기 시작했다. 그리고 말했다. "이 나무에 달린 잎들만큼이라고요? 그러면 얼마 남지 않았군요. 이미 다 된 것이나 다름없어요. 이 지상에 얼마나 많은 나무들이 있는지 한번 생각하고 비교해 보세요! 그러니까 그것은 너무나 가까이에 있습니다. 물어봐 줘서 고맙습니다." 그는 다시 춤추기 시작했다. 그리고 젊은이는 바로 그 순간에 즉시 깨닫게 되었다고 한다.

7

탐욕 너머

탐욕 너머

우주와 조화를 이룰 때 인간은 충만하다. 하지만 우주와 조화롭지 않을 때 그는 공허하다. 완전히 공허하다. 그리고 그 공허로부터 탐욕이 생겨난다. 탐욕은 돈, 집, 가구, 친구, 연인 등으로 그 공허감을 채우려 한다. 공허한 상태로는 살 수 없기 때문이다. 그것은 소름끼치며 유령 같은 삶이다. 만약 당신이 공허하여 내면에 아무것도 없다면, 살아가는 것이 불가능하다.

당신의 내면에 있는 많은 것들을 느끼는 방법은 두 가지뿐이다. 우주와 조화를 이루는 것이 그 중 하나이다. 그러면 당신은 모든 꽃들과 모든 별들 전체로 가득해진다. 그것들은 당신의 바깥에 있듯이 당신의 안에도 있다. 그것이 진정한 충만이다. 하지만 만약 수많은 사람들이 그렇게 하지 않듯이 당신도 그렇게 하지 않는다면, 그것을 채우는 가장 쉬운 방법은 쓰레기 같은 것들로 채우는 것이다.

탐욕은 단순히 당신이 깊은 공허감을 느끼고 있으며 그래서 무엇으로든 그 공허감을 채우고 싶이 한나는 것을 의미한다. 일단 그 점을 이해한다면, 당신은 탐욕을 따르지 않는다. 당신은 전체와의 교감 속으로 들어온다. 그러면 내면의 공허감은 사라지며 그것과 더불어 모든 탐욕도 사라진다.

하지만 세상 곳곳에는 미친 사람들로 넘쳐 나고 있다. 그들은 공허감을 메울 것들을 모으고 있다. 어떤 사람은 쓰지도 않을 돈을 계속 모으고 있다. 어떤 사람은 배고픔을 느끼지 않으면서도 계속 먹고 있다. 그들은 이것이 고통을 일으키고 자신들을 병들게 할 것이라는 것을 알면서도 스스로 멈출 수가 없다. 이렇게 먹는 것도 또한 채우기 위한 과정이다. 공허감을 채우려는 방법은 많을 수 있지만, 공허감은 결코 채워지지 않을 것이다. 공허한 채로 있을 것이다. 결코 충분히 채워지지 않기에 당신은 계속 비참할 것이다. 더 많은 것을 필요로 하며, 아무리 많이 채워도 더 많은 것에 대한 욕구는 끝이 없을 것이다.

당신은 자신이 채우고자 하는 공허감을 이해해야만 한다. 그리고 물어보아야 한다. "왜 나는 텅 비어 있는가? 온 존재가 저리도 가득한데, 나는 왜 텅 비어 있는가? 아마 나는 궤도를 벗어난 것 같다.

나는 더 이상 같은 방향으로 가고 있지 않다. 나는 더 이상 실존하고 있지 않다. 이것이 내 공허감의 원인이다."

그러므로 실존하라.

침묵과 평화, 명상으로 존재에 더 가까이 다가가라.

그러면 어느 날 기쁨과 행복, 은총으로 넘쳐흐르는 충만한 당신을 발견할 것이다. 당신에게는 그것이 너무나 넉넉하여, 온 세상에 다 나누어 줄 수 있다. 그래도 그것은 고갈되지 않을 것이다.

그날, 처음으로 당신은 돈이나 음식, 물건들, 어떤 것에 대한 탐욕도 느끼지 않을 것이다. 당신은 자연스럽게 살 것이며, 자신에게 필요한 모든 것을 발견할 것이다.

8

제자

어떠한 상황도 가르침을 갖고 있지 않은 상황은 없다. 모든 상황은 가르침을 품고 있다. 하지만 당신이 발견해야 한다. 겉모습만 보아서는 어려울 것이다. 당신은 주의 깊게 지켜봐야 하며, 그 상황의 모든 측면을 면밀히 살펴보아야 한다.

제자

위대한 수피 스승인 준나이드는 죽음을 앞두고 질문을 받았다. 수제자가 가까이 다가와서 물었다. "스승님, 당신께서는 우리를 떠나고 계십니다. 우리는 항상 궁금한 것이 있었습니다만 여태 용기가 없어 여쭤 보지 못했습니다. 당신의 스승은 누구였습니까? 당신께서는 자신의 스승에 대해 얘기한 적이 한 번도 없어서 우리 제자들은 이것이 몹시 궁금했습니다."

준나이드는 눈을 뜨고 말했다. "그건 대답하기 매우 어려운 질문이구나. 나는 거의 모든 사람들에게 배웠기 때문이다. 모든 존재가 나의 스승이었다. 나는 내 삶에 일어나는 모든 사건들로부터 배웠다. 그리고 나는 내게 일어난 모든 일들에 대해 감사한다. 나는 그 모든 배움을 통해서 이 자리에 도달했기 때문이다."

준나이드가 말했다. "너희 궁금증을 풀어 주기 위해서 세 가지 일을 들려주겠다. 먼저 첫 번째 일이다. 나는 몹시 목이 말랐다. 그래서 유일한 소지품인 동냥 그릇을 들고 강가로 가고 있었다. 내가 강에 이르렀을 때, 개 한 마리가 달려오더니 물 속으로 뛰어들어 물을 마시기 시작했다.

나는 잠시 지켜보다가 내 동냥 그릇을 던져 버렸다. 쓸모없었기 때문이다. 개는 그릇 없이도 물을 마실 수 있었다. 나도 강으로 뛰어들어 마음껏 물을 마셨다. 강물에 뛰어들었기 때문에 온 몸이 시원해졌다. 나는 잠시 강에 앉아서 개에게 감사했고, 깊은 경의를 표하며 개의 발을 만졌다. 개가 나에게 가르침을 주었기 때문이다. 나는 모든 것을, 모든 소유물을 버렸지만, 내 동냥 그릇에 대한 집착이 남아 있었다. 아름다운 그릇이었고 매우 아름답게 조각되었다. 그래서 누군가가 훔쳐 가지 않을까 항상 걱정했다. 아무도 빼앗아 가지 못하도록 하기 위해 심지어 밤에는 베개 삼아 머리 밑에 베고서 자곤 했다. 그것은 내 마지막 집착이었다. 개가 도와 주었다. 그것은 분명했다. 만약 개가 동냥 그릇 없이도 살 수 있다면, 사람인 내가 왜 못 하겠는가? 그 개는 내 스승들 중 한 명이다.

다음은 두 번째 일이다. 나는 숲에서 길을 잃고 헤매고 있었다. 그러다가 마을을 하나 발견했는데, 그때는 한밤중이었다. 모든 사람이 잠들어 있었다. 그날 밤 나는 머물 곳을 마련해 줄 사람이 있는지 찾기 위해 온 마을을 돌아다녔다. 마침내 잠들지 않은 한 남자를 발견했고 그에게 말했다. '이 마을에 깨어 있는 사람은 당신과 나밖에 없는 것 같습니다. 하룻밤 묵도록 허락해 주시겠습니까?

남자가 말했다. '당신의 옷을 보니 수피 수도승인 것 같군요.'"

수피(Sufi)라는 단어는 수프(suf)에서 파생된 것으로 양모 혹은 양모로 된 옷감을 의미한다. 수피교도들은 수백 년 동안 양모로 만든 옷을 입었다. 그래서 그들은 수피라고 불렸다. 도둑이 말했다. "당신은 수피인 것 같습니다. 그런데 당신을 나의 집으로 데리고 가려니 조금 난처합니다. 기꺼이 모시고 싶지만, 내가 누구인지 먼저 말해야 할 것 같습니다. 나는 도둑입니다. 도둑의 손님이 되어도 괜찮겠습니까?"

준나이드는 잠시 주저했다. 도둑이 말했다. "보세요. 말하기를 잘 했군요. 주저하시는 것 같습니다. 도둑은 기꺼이 데려가기를 원하는데, 신비가는 도둑의 집으로 들어가는 것을 주저하는 것으로 보입니다. 신비가가 도둑보다 약한가 봅니다. 사실은 내가 당신을 두려워해야 합니다. 당신은 나를 달라지게 할 수 있고, 내 인생을 통째로 바꿀 수도 있으니까요! 당신을 초대하는 것은 위험한 일이지만, 나는 두렵지 않습니다. 당신을 환영합니다. 나의 집에 오십시오. 먹고 마시고 잠자고, 원하는 만큼 오래 머무십시오. 나는 혼자 살고 내 벌이로 충분하기 때문에 두 사람도 먹여 살릴 수 있습니다. 그리고 당신과 훌륭한 주제들에 대해 대화를 나누는 것은 정말로 멋질 것 같습니다. 하지만 당신은 주저하는 것 같군요.”

준나이드는 그 말이 진실이라는 것을 깨달았다. 그는 용서를 구했다. 그래서 도둑의 발을 만지며 말했다. “맞습니다. 내 존재에 박힌 나의 뿌리가 아직 많이 약합니다. 당신은 정말로 강한 사람이군요. 당신의 집에 가겠습니다. 그리고 오늘 밤만이 아니라 좀 더 오래 머물고 싶군요. 좀 더 강해지고 싶습니다!”

도둑이 말했다. “따라 오세요!” 그는 수피 수도승에게 먹을 것을 주었다. 마실 것도 주고 잠자리도 마련해 준 뒤 도둑이 말했다. “나는 이제 나가야 합니다. 일을 해야 하니까요. 아침 일찍 돌아오겠습니다.”

이른 아침 도둑이 돌아왔다. 준나이드는 “성공했나요?” 하고 물었다.

도둑은 “아니오, 오늘은 성공하지 못했습니다. 내일 다시 나가 봐야겠어요.”라고 대답했다.

이런 날이 한 달 동안 계속되었다. 도둑은 매일 밤 나갔고, 매일 아침 빈손으로 돌아왔다. 그러나 그는 결코 슬퍼하거나 좌절하지 않았다. 그의 얼굴에서 실패의 흔적이란 찾아볼 수 없었고 항상 행복한 얼굴이었다. 그는 이렇게 말하곤 했다. "그래도 괜찮습니다. 나는 최선을 다했습니다. 오늘도 아무것도 찾지 못했지만, 내일 다시 시도할 겁니다. 그리고 신의 뜻이라면, 그 일이 오늘은 일어나지 않았어도 내일은 일어날 수 있습니다."

한 달 동안 머문 뒤에 준나이드는 그곳을 떠났다. 그는 궁극을 깨닫기 위해 오랫동안 노력했지만 항상 실패할 뿐이었다. 하지만 모든 노력을 포기하려고 할 때마다 그는 도둑과 그의 웃는 얼굴, 그의 말을 떠올렸다. "신의 뜻이라면, 오늘 일어나지 않은 일이라도 내일은 일어날 수 있다."

준나이드는 말했다. "나는 그 도둑을 나의 가장 훌륭한 스승들 중 한 명이라고 생각한다. 그가 아니었더라면 지금의 나는 없었을 것이다."

"세 번째로는 이런 일이 있었다." 준나이드가 말을 이었다. "내가 작은 마을로 들어갔을 때, 어린 소년이 촛불 하나를 나르고 있었는데, 아이는 그날 밤 마을의 작은 사원에 촛불을 갖다 놓기 위해 가져가고 있는 것이 분명했다."

준나이드는 물어보았다. "그 불빛이 어디서 나오는지 말해 줄 수 있겠니? 네가 그 초를 밝혔을 것이니 너는 그것을 보았을 테지. 그

빛의 근원이 무엇이냐?"

소년은 웃으며 말했다. "잠깐만 기다려 보세요!" 소년은 준나이드 앞에서 촛불을 입으로 불어 껐다. 그리고는 말했다. "빛이 사라지는 것을 보셨죠? 그럼 빛이 어디로 갔는지 말씀해 주시겠어요? 만약 빛이 어디로 갔는지 저에게 말씀해 주시면, 저도 그 빛이 어디서 왔는지 말해 드릴게요. 왜냐하면 그것은 같은 곳에서 와서 같은 곳으로 돌아가니까요. 촛불은 근원으로 돌아갔어요."

준나이드가 제자에게 말했다. "나는 위대한 철학자들을 만나 보았지만, 아무도 그렇게 아름다운 말을 한 사람은 없었다. '자기의 근원으로 돌아간다.' 모든 것은 결국 자기의 근원으로 돌아간다. 게다가 그 아이는 나의 무지를 일깨워 주었다. 나는 그 아이를 놀려 주려고 했으나 놀림을 당한 것은 바로 나였다. 아이는 '빛이 어디서 왔느냐?'라는 어리석은 질문을 하는 것은 지혜롭지 않다는 것을 나에게 보여 주었다. 그것은 어느 곳도 아닌 곳에서, 무(無)에서 나와, 어느 곳도 아닌 곳으로, 무(無)로 돌아간다."

준나이드가 말했다. "나는 그 아이의 발을 만지며 경의를 표했다. 아이는 당황하여 물었다. '왜 저에게 절을 하십니까?' 그래서 나는 대답했다. '너는 나의 스승이다. 너는 나에게 뭔가 중요한 것을 알려주었어. 내가 네게서 훌륭한 가르침, 훌륭한 통찰을 받았단다.'

　그 이후로 나는 무에 관해 명상을 했고, 서서히 무로 들어갈 수 있었다. 그리고 이제 초가 꺼지고 빛이 사라지는 그 마지막 순간에 이르렀다. 너는 내가 어디로 가는지 알고 있나. 그곳은 똑같은 근원이다.

　나는 감사한 마음으로 그 아이를 떠올린다. 나는 내 앞에 서서 촛불을 불어 끄고 있는 그 아이를 아직도 볼 수 있다."

9

위대한 기적

기적을 행하는 것은 위대한 일이지만, 충분히 위대하지는 않다. 기적을 행하는 것은 여전히 자아의 세계에 머무르는 것이다. 진정한 위대함은 너무 평범해서 아무것도 주장하지 않는다. 그것은 너무나 평범해서 아무것도 증명하려 하지 않는다.

위대한 기적

영적인 능력들에 대한 유혹

한 남자가 임제 선사를 찾아와서 말했다. "나의 스승은 영적인 능력이 대단한 분입니다. 당신의 스승은 어떤가요? 당신의 스승은 무엇을, 어떤 기적을 행할 수 있습니까?"

임제가 물었다. "당신의 스승은 어떤 기적을 행하고 있습니까?"

그 제자가 말했다. "어느 날 그분은 나에게 종이 한 장을 들고 강 건너편에 가 있으라 했습니다. 강폭은 매우 넓었습니다. 1킬로미터가 넘었지요. 그분은 강의 반대편에 서서 붓을 들고 무엇인가를 쓰기 시작했습니다. 그런데 그분이 쓴 글이 내가 들고 있던 종이에 나타나는 것이었습니다. 내가 두 눈으로 직접 보았습니다. 당신의 스승은 어떤 기적을 행할 수 있습니까?"

임제가 대답했다. "그분은 배고플 때 밥을 먹고, 잠이 오면 잠을 잡니다."

남자가 말했다. "지금 무슨 말을 하는 겁니까? 그런 것이 기적입니까? 그건 누구나 할 수 있는 일입니다!"

임제는 말했다. "그렇지 않습니다. 당신은 잠을 자면서 오만 가지 일을 합니다. 당신은 먹으면서 오만 가지 생각을 합니다. 하지만 나의 스승은 잘 때는 오로지 잠만 잡니다. 뒤척이지도 돌아눕지도 않고 꿈도 꾸지 않지요. 그 순간에는 잠만이 존재합니다. 그리고 배고프면 밥을 먹습니다. 그분은 언제나 자신이 있는 곳에 있습니다."

강의 이편에서 반대편으로 글을 쓰는 것이 무슨 소용인가? 어리석은 일이다. 어리석은 사람들만이 그런 것에 관심을 갖는다. 그래서 어쨌다는 말인가?

어떤 사람이 라마크리슈나에게 찾아가 말했다. "나의 스승은 위대한 분입니다. 그분은 물 위도 걸을 수 있습니다."

라마크리슈나는 말했다. "어리석군요! 나는 뱃사공에게 2루피만 주면 강 건너편으로 건너갈 수 있습니다. 당신의 스승은 바보입니다. 그런 일에 인생을 낭비하지 말라고 전해 주십시오. 그런 일은 아주 쉽게 할 수 있습니다."

하지만 마음은 항상 갈망한다. 마음은 언제나 어떤 일이 일어나기를 갈망하고 열망한다. 때때로 마음은 돈에 대해 생각하며, 더 많은 돈을 갖기를, 더 큰 집을 갖기를, 더 많은 존경을 받기를, 더 많은 정치적 힘을 갖기를 열망한다. 그 다음에 당신은 영성으로 눈을 돌린다. 마음은 똑같다. 이제 당신은 더 많은 영적 능력, 텔레파시, 천리안, 그리고 온갖 종류의 말도 안 되는 능력들을 갖고 싶어 한다. 하지만 마음은 그대로 있다. 당신은 더 많이 원한다. 똑같은 게임이 계속된다.

이제 마음이 원하는 것은 텔레파시나 천리안 혹은 영적인 능력으로 바뀐다. "만약 당신이 이것들을 할 수 있다면, 나는 이보다 더한 것을 할 수 있다. 나는 수천 리 밖에서도 사람들의 생각을 읽을 수 있다."

삶 자체가 기적이다. 하지만 자아는 그것을 받아들일 준비가 되어 있지 않다. 자아는 어떤 특별한 것, 아무도 할 수 없는 어떤 것, 비범한 어떤 것을 하고 싶어 한다.

가치

실용적인 결과에 대해 너무 근심하지 말라. 그보다는 당신이 삶에서 일용품이 되기 위해 여기에 있는 것이 아님을 끊임없이 기억하라. 당신은 활용되기 위해 여기 있는 것이 아니다. 그것은 존엄성을 낮추는 일이다. 당신은 더욱더 효율적이기 위해 여기에 있는 것이 아니다. 당신은 더욱더 지혜로워지기 위해 여기에 있다. 당신은 더욱더 행복해지기 위해, 한없이 행복해지기 위해 여기에 있다.

가치

쓸모없음의 비밀에 대해

노자가 제자들과 여행을 하고 있었다. 그들이 어느 숲에 다다랐을 때, 그곳에서는 수백 명의 목수들이 모여서 거대한 궁전을 지을 나무를 베고 있었다. 숲 전체가 거의 다 잘려 나갔다. 하지만 수천 개의 가지를 드리운 커다란 나무 한 그루가 남아 있었다. 그 나무는 무척이나 커서 만 명의 사람들이 그 그늘 밑에 앉아 쉴 수 있었다. 노자는 제자들에게 이르기를, 숲의 나무들이 모두 베어져 황량해졌는데 왜 이 나무는 베지 않았는지 목수들에게 가서 물어보라고 했다.

제자들이 목수들에게 가서 물었다. "이 나무는 왜 자르지 않았습니까?"

목수들이 대답했다. "이 나무는 전혀 쓸모가 없습니다. 이 나무로는 아무것도 만들지 못합니다. 왜냐하면 나무의 모든 가지에 마디들이 너무 많기 때문입니다. 나무도 굽었고 가지들도 곧은 게 하나도 없어요. 이 나무로는 기둥도 만들 수 없고, 가구도 만들 수 없어요. 땔감으로도 사용하지 못합니다. 연기가 너무 독해서 눈에 해롭기 때문입니다. 전혀 쓸모가 없어요. 그래서 베지 않았습니다.”

제자들이 돌아왔다. 노자는 웃으며 말했다. “이 나무처럼 되라. 만약 너희가 이 세상에서 살아남고자 한다면, 이 나무처럼 전혀 쓸모없는 자가 되라. 그러면 아무도 너희를 해치지 않을 것이다. 만약 너희가 곧으면, 너희는 베어져서 누군가의 집에 있는 가구가 될 것이다. 만약 너희가 아름다우면, 시장에서 팔려 일용품이 될 것이다. 이 나무처럼 아무런 쓸모도 없는 자가 되어라. 아무도 너희를 해치지 않을 것이다. 그러면 너희는 크고 넓게 자랄 것이며, 수많은 사람들이 너희 아래에서 그늘을 발견할 것이다.”

노자는 당신의 마음과는 달리 완전히 논리적이다. 그는 말한다. 꼴찌가 되어라. 마치 당신이 없는 것처럼 세상에서 살아가라. 알려지지 않은 채로 있으라. 첫째가 되려 하지 말고, 경쟁하지 말라. 당신의 가치를 증명하려 하지 말라. 다 부질없는 일이다. 쓸모없는 채로 남아서 즐겨라.

물론 그는 실용적이지 않다. 그러나 만약 당신이 그를 이해한다면, 그가 더 깊은 층에서는, 깊은 곳에서는 가장 실용적이라는 것을 알게 될 것이다. 왜냐하면 삶은 즐기고 신나게 노는 것이지, 일용품이 되는 것이 아니기 때문이다. 삶은 시장에 있는 상품이 아니라 시에 가까운 것이다. 삶은 시와 같아야 하고, 노래, 춤과 같아야만 한다.

노자는 말한다. 만약 당신이 매우 영리하고 쓸모 있는 자가 되려고 노력한다면, 당신은 이용될 것이다. 만약 당신이 실용적인 사람이 되고자 한다면, 당신은 어디에서든 이용될 것이다. 세상은 실용적인 사람을 홀로 내버려두지 않기 때문이다. 노자는 말한다. 이런 모든 생각을 놓아라. 만약 시나 기쁨이 되고 싶다면, 유용성에 관해서는 잊어라. 언제나 자기 자신에게 진실하라.

11

인정

마음이 갈망하는 것은 특별해지는 것이다. 자아는 당신이 어떤 사람으로 인정받는 것에 목말라 하고 굶주린다. 어떤 사람은 재산을 통해 그 꿈을 이루고, 어떤 사람은 권력이나 정치를 통해 그 꿈을 이룬다. 또 어떤 사람은 기적이나 마술을 통해 그 꿈을 이룬다. 하지만 꿈은 여전히 똑같이 남아 있다. "나는 아무도 아닌 존재라는 것을 견딜 수가 없다."

그리고 이것은 기적이다 — 자신이 아무도 아님을 받아들이는 것, 자신이 다른 사람과 똑같이 평범함을 받아들이는 것, 어떠한 인정도 요구하지 않는 것, 자신이 존재하지 않는 것처럼 존재할 수 있는 것. 부재는 기적이다.

인정

스승과 정원사, 그리고 손님

이 이야기는 아름답다. 선불교의 가장 아름다운 일화 중 하나이다. 반케이는 뛰어난 선사들 중 한 명이었다. 하지만 그는 평범한 사람이었다.

어느 날 반케이는 정원에서 일을 하고 있었다. 그런데 스승을 찾고 있던 구도자가 찾아와서 그에게 물었다. "정원사 양반, 스승은 어디에 계십니까?"

반케이는 웃으며 대답했다. "기다리십시오. 저 문으로 들어가면 스승을 찾을 수 있을 겁니다."

남자는 건물을 돌아 문 안으로 들어갔다. 거기에서 남자는 법좌 위에 앉아 있는 사람을 보았는데, 그는 밖에서 본 정원사 반케이였다. 구도자가 말했다. "지금 장난하는 겁니까? 그 자리에서 내려오시오. 이것은 스승을 모욕하는 행위요. 당신은 스승을 존경할 줄 모르는 사람이구려."

반케이는 의사에서 내려와 바닥에 앉았다. 그리고 말했다. "그렇다면 이제 스승을 찾기가 어렵겠습니다. 당신은 여기서 스승을 찾지 못할 것입니다. 내가 바로 그 스승이니까요."

그 남자에게는 위대한 스승이 정원에서 일할 수 있으며 그토록 평범할 수 있다는 것을 이해하기가 어려웠다. 그는 떠났다. 이 사람이 스승이라는 것을 믿을 수가 없었다. 그는 놓쳤다.

모든 사람이 아무도 아닌 존재이기를 두려워한다. 오로지 극소수의 비범한 사람들, 고타마 붓다나 반케이와 같은 사람들만이 아무도 아닌 존재이기를 두려워하지 않는다. 아무도 아닌 존재는 평범한 현상이 아니다. 이것은 삶에서 가장 위대한 경험 가운데 하나다. 그것은 당신 자신이면서, 또한 당신이 아니다. 그 당신은 이름도, 주소도, 경계도 없는 오직 순수한 존재다. 범죄자도 성자도 아니고, 열등하지도 우월하지도 않은, 그저 고요함이다.

사람들이 두려워하는 까닭은 그들의 모든 개성이 사라질 것이기 때문이다. 그들의 이름, 명성, 존경, 모든 것이 사라질 것이다. 그래서 두렵다. 그러나 어쨌든 죽음은 당신에게서 이런 것들을 앗아갈 것이다. 지혜로운 사람들은 이런 것들이 저절로 떨어지도록 허용한다. 그러고 나면 죽음이 앗아갈 것은 아무것도 남지 않는다. 그러면 모든 두려움이 사라진다. 죽음은 당신에게 찾아올 수 없기 때문이다. 당신에게는 죽을 것이 아무것도 없다. 죽음은 아무도 아닌 존재를 죽일 수 없다.

자신이 아무도 아님을 느낀다면, 당신은 영원불멸해진다. 아무도 아님의 경험은 정확히 니르바나, 무(無), 방해받지 않는 절대 고요를 의미한다. 거기에는 자아가 없으며, 개성도, 위선도 없다. 오직 이 침묵뿐……. 이런 이들은 밤에만 노래 부른다.

어떤 면에서 당신은 여기에 있다. 하지만 또한 여기에 있지 않다. 당신은 육체와의 오랜 관계 때문에 여기에 있다. 그렇지만 내면을 들여다보면, 당신은 여기에 있지 않다. 그리고 이런 통찰, 순수한 고요, 순수한 존재가 있는 곳이 바로 죽음이 파괴할 수 없는 당신의 실재이다. 이것은 당신의 영원성이다. 이것은 당신의 불멸성이다.

두려워할 것은 아무것도 없다. 잃어버릴 것은 아무것도 없다. 당신은 어떤 것, 이름, 명예, 존경 등을 잃는다고 생각하는가? 그것들은 가치 없는 것들이다. 그것들은 어린아이를 위한 장난감일 뿐, 성숙한 어른을 위한 것은 아니다. 이제는 당신이 성숙할 때이며, 당신이 무르익을 때이며, 당신이 그저 존재할 때이다.

당신이 '어떤 사람'이라는 것은 아주 작은 것이다. 당신이 어떤 사람일수록, 당신은 더욱더 작아진다. 당신이 아무도 아닌 존재일수록, 당신은 더욱더 커진다. 절대적으로 아무도 아닌 자가 되라. 그러면 당신은 존재 그 자체의 힘이 될 것이다.

12

질문하기

질문으로 가득 차 있는 자는 철학의 밀림에서 헤맨다. 질문들이 오고 가게 놓아두어라. 그 질문들을 마치 거리를 오가는 사람들을 보듯이 초연함으로 멀리 떨어져서 바라보라. 줄 것도 없고 받을 것도 없는 그들을 바라보듯이……. 당신과 당신의 질문 사이의 거리가 멀어질수록 더 좋다. 그 간격 사이에서 답이 나오기 때문이다.

질문하기

한 교수와 의문에 대한 그의 갈증

한 철학 교수가 난인 선사를 찾아왔다. 그는 신에 대해, 니르바나에 대해, 명상에 대해, 그리고 다른 많은 것들에 대해 물었다. 스님은 조용히 듣고 있었고 질문은 계속해서 이어졌다. 스님이 말했다. "피로해 보입니다. 이렇게 높은 산을 올라왔고 먼 곳에서 왔으니 그럴 만도 하지요. 우선 제가 차를 대접하지요." 스님은 차를 준비했다. 교수는 기다렸는데, 그의 마음속에서는 질문들이 부글부글 끓고 있었다. 스님은 차를 만들고 있었다. 차 주전자에서는 물이 끓는 소리가 났고 차의 향이 퍼지기 시작했다. 그때 스님이 교수에게 말했다. "그렇게 서두르지 말고 조금 기다리십시오. 차를 마시는 것으로 혹은 차를 마시기도 전에 당신의 의문이 풀릴지도 모르니까요."

교수는 난감했다. 그는 생각하기 시작했다. "이 모든 여행이 시간

낭비였어. 이 스님은 미친 것 같다. 신에 대한 의문이 어떻게 차를 마시는 것으로 대답이 된단 말이지? 무슨 관계가 있단 말인가? 얼른 여기에서 나가야겠어." 하지만 그는 한편으로는 피곤했고, 산을 다시 내려가기 전에 차를 한 잔 마시는 것도 좋을 것 같았다.

스님은 차 주전자를 가져와서 찻잔에 차를 따르기 시작했다. 그런데 차가 찻잔에 가득 차고 찻잔 받침으로 넘쳐흐르기 시작했지만 스님은 계속 따르고 있었다. 찻잔 받침에도 찻물이 가득 찼다. 이제 한 방울만 더 부으면 방바닥으로 넘쳐흐를 것 같았다. 교수가 말했다. "그만 따르세요! 지금 뭐 하시는 겁니까? 미쳤습니까? 찻잔이 가득 찬 게 안 보입니까? 찻잔 받침에까지 가득 찬 것이 안 보이냔 말입니다."

그러자 스님이 말했다. "이것이 바로 지금 당신이 처해 있는 상황입니다. 당신의 마음은 너무 많은 질문들로 가득 차 있습니다. 그래서 내가 대답을 하더라도 답이 들어갈 만한 공간이 전혀 없습니다. 당신은 명석해 보입니다. 그러니 한 방울만 더 부어도 잔이나 찻잔 받침에 담기지 못하고 바닥으로 넘치게 되는 상황이 무슨 의미인지 이해할 것입니다. 당신이 이 집에 들어선 이후로 당신의 질문들이 사방에 넘쳐 나고 있습니다. 이 작은 암자가 당신의 질문들로 가득 차 있어요! 돌아가서 당신의 잔을 비우십시오. 그 다음에 오십시오. 먼저 당신 안에 작은 공간을 만드십시오."

지식을 버리기

진리는 당신만의 경험이며, 당신 자신의 비전이다. 설령 내가 진리를 보았고 그것을 당신에게 말한다고 해도, 내가 당신에게 말하는 순간 그 진리는 당신에게 거짓이 된다. 더 이상 진리가 아니다. 나에게 그것은 진리였고, 나에게 그것은 눈을 통하여 왔다. 그것은 내가 본 것이었다. 하지만 당신에게 그것은 자신이 본 것이 아닐 것이다. 그것은 빌려온 것이다. 그것은 하나의 믿음이며, 앎이 아니라 지식일 것이다. 그리고 만약 당신이 그것을 믿기 시작한다면, 당신은 거짓을 믿고 있는 것이다. 이제 그것을 기억하라. 심지어 하나의 진리일지라도 잘못된 문을 통해서 당신의 존재로 들어간다면, 그것은 거짓이 된다. 진리는 정문을 통해서, 눈을 통해서 들어가야 한다. 진리는 자신이 보는 것이다. 자신이 직접 그것을 보아야 한다.

지식을 버리기

나로파가 꿈속에서 만난 노파

나로파는 만 명에 이르는 제자들이 따를 만큼 훌륭한 학자이며 위대한 판디트(pandit)였다. 어느 날 그는 매우 오래되고 희귀한 수천 개의 경전들에 둘러싸여 앉아 있었다. 그러다가 피곤을 느껴 잠이 들었는데, 어떤 환영을 보았다.

그는 몹시 늙고 추하며 끔찍하게 생긴 노파를 보았다. 마녀였다. 노파의 모습이 어찌나 추하던지 잠을 자면서도 몸이 부르르 떨릴 정도였다. 그 모습이 너무나 혐오스러워 그는 그곳을 벗어나고 싶었다. 하지만 어디로 도망을 가야 할지, 어디로 가야 갈지 몰라 서 있었다. 그는 마치 최면에 걸린 것처럼 노파에게 붙잡혔다. 노파의 눈이 자석처럼 그를 끌어당겼다.

"무엇을 공부하고 있습니까?" 노파가 물었다.

그가 대답했다. "철학, 종교, 인식론, 언어, 문법, 논리학 등을 공부하고 있습니다."

노파가 다시 물었다. "그것들은 다 이해합니까?"

"물론입니다. 다 이해합니다." 나로파가 대답했다.

노파가 다시 물었다. "그 단어를 이해합니까, 의미를 이해합니까?"

이제까지 나로파는 수많은 질문을 받았다. 수천 명의 학생들이 언제나 질문하고 의문을 제기했다. 그러나 어느 누구도 단어를 이해하는지, 의미를 이해하는지 질문한 적은 없었다. 노파의 눈은 모든 것을 꿰뚫어 보고 있었고, 그의 존재의 가장 깊은 곳까지 들여다보고 있었다. 그래서 거짓말을 할 수가 없었다. 노파가 아닌 다른 사람이었다면 나로파는 "물론 그 의미를 이해합니다."라고 말했을 것이다. 하지만 이 노파에게는, 이 끔찍해 보이는 노파에게만은 진실을 말할 수밖에 없었다. 그는 말했다. "단어들을 이해합니다."

노파는 매우 기뻐했다. 그녀는 춤추고 웃기 시작했다. 그리고 그녀의 추한 모습이 변화되었다. 미묘한 아름다움이 그녀의 내면에서 배어 나오기 시작했다. 이 모습을 보고 나로파는 "나는 그녀를 기쁘게 만들었다. 왜 더 기쁘게 할 수 없겠는가?"라고 생각했다. 그래서 말했다. "나는 의미도 이해합니다."

그러자 여자는 웃음을 그치고 춤도 멈추었다. 그녀는 울며 눈물을 흘리기 시작했고 그녀의 추함이 다시 돌아왔다. 전보다 천 배는 더 추한 모습이었다. 나로파가 물었다. "왜 눈물을 흘리며 우십니까? 그리고 좀 전에는 왜 웃으며 춤을 추었습니까?"

노파가 대답했다. "나는 당신 같이 위대한 학자가 거짓말을 하지 않았기 때문에 기뻐했습니다. 하지만 지금 내가 우는 이유는 당신이 나에게 거짓말을 했기 때문입니다. 나도 알고 당신도 알고 있습니다. 당신이 의미를 이해하지 못한다는 것을 말입니다."

환영은 사라졌고 나로파는 변화되었다. 그는 대학에서 나왔으며, 평생 다시는 책을 펼쳐 보지 않았다. 그는 완전히 무지한 사람이 되었다. 그리고 노파가 세상 사람이 아니라 단지 하나의 투영이었음을 알게 되었다. 노파는 지식을 통해서 추하게 변한 나로파 자신이었다. "나는 의미를 이해하지 못합니다."라고 인정하는 정도의 이해만으로 그 추함은 즉각 아름다운 모습으로 변화되었다.

나로파의 이 환영은 매우 의미심장하다. 지식이 쓸모없다고 느끼지 않는다면, 당신은 결코 지혜를 찾아 나서지 않을 것이다. 당신은 가짜 동전을 진짜 보물이라고 생각하면서 지니고 다닐 것이다. 지식은 가짜 동전이라는 것을 알아야 한다. 그것은 아는 것도 아니며, 이해하는 것도 아니다. 기껏해야 그것은 지적인 것일 뿐이다. 단어는 이해되지만 의미는 잃어버린…….

14

진실함

실재하는 것은 하나의 길이 아니다. 실재하는 것은 찾는 자의 진실함이다. 더 자세히 말해 보자.

당신은 어떤 길로도 여행을 할 수 있다. 만약 당신이 성실하고 진실하다면, 당신은 목적지에 도달할 것이다. 어떤 길은 어려울 수 있고, 어떤 길은 더 쉬울지도 모른다. 어떤 길은 양쪽에 초목들이 있을 수 있고, 어떤 길은 사막을 통과할 수도 있으며, 또 다른 길은 아름다운 풍경이 펼쳐질 수도 있고, 어떤 길은 주위에 볼 만한 것이 아무것도 없을 수 있다. 그것은 다른 문제다. 하지만 만약 당신이 성실하고 정직하며 진실하고 참되다면, 모든 길은 목적지로 안내할 것이다.

한 가지로 간단히 줄여 말하자면, 진실함이 길이라는 것이다. 어느 길로 가든지 만약 당신이 진실하다면, 모든 길은 목적지로 안내한다. 그리고 반대의 경우도 진실하다. 어느 길로 가든지 만약 당신이 진실하지 않다면, 당신은 어디에도 다다르지 못할 것이다. 당신의 진실함은 당신을 다른 곳이 아닌 자신의 집으로 데려올 것이다. 모든 길들은 부차적이다. 기본적인 것은 진실함이며 참됨이다.

진실함

위대한 신비가 밀라레파에 관해 전해지는 이야기가 있다.

그가 티베트에 있는 스승을 찾아갔을 때, 그는 매우 겸손하고, 매우 순수하며, 매우 진실했다. 그래서 다른 제자들이 그를 시기하게 되었다. 그가 후계자가 되리라는 것은 분명했다. 그리고 물론 후계자에 관한 이해관계도 작용했기에 그들은 그를 죽이려고 했다.

어느 날 그들은 밀라레파에게 말했다. "네가 정말로 스승님을 믿는다면, 절벽에서 뛰어내릴 수 있느냐? 만약 네가 정말로 믿는다면, 만약 믿음이 있다면, 아무 일도 일어나지 않을 것이며, 너는 다치지 않을 것이다." 그러자 밀라레파는 한 순간의 망설임도 없이 절벽에서 뛰어내렸다. 그들은 절벽 아래로 달려갔다. 천 길이나 되는 절벽이었다. 그들은 산산이 부서져 흩어져 있을 시신을 수습하기 위해 내려갔다. 하지만 그는 연꽃 자세를 취한 채 행복한, 한없이 행복한 얼굴로 앉아 있었다. 그는 눈을 뜨고 말했다. "당신들이 맞아요. 믿음이 나를 지켜 줍니다."

그들은 이번 일이 우연이라 생각했다. 그래서 어느 날 집이 불타고 있는 것을 보고 밀라레파에게 말했다. "만약 네가 스승을 사랑한다고 믿는다면, 너는 저 안으로 들어갈 수 있을 것이다." 밀라레파는 집 안에 남아 있던 여자와 아이를 구하기 위해 불타는 집으로 뛰어들었다. 불길이 너무나 거세게 타올랐으므로 다른 제자들은 그가 죽었을 것이라 생각했다. 하지만 그는 여자와 아이를 데리고 나왔고 조금도 불에 데지 않았다. 그는 더욱더 광채를 뿜어내고 있었다. 믿음 때문이었다.

어느 날 그들은 어디론가 가던 도중 강을 건너게 되었다. 그들은 밀라레파에게 말했다. "너는 배를 탈 필요가 없다. 대단한 믿음을 지녔으니 강물 위를 걸어서 건너와라." 그러자 그는 물 위를 걸었다.

스승이 밀라레파를 본 것은 그때가 처음이었다. 스승은 그가 절벽 아래로 뛰어내린 것도, 불타는 집 안으로 들어간 것도 모르고 있었다. 배를 타고 건너가 맞은편 강변에 있던 스승은 밀라레파가 물 위를 걸어서 오는 모습을 보고 말했다. "이게 어찌된 일이냐? 이건 불가능한 일이야!"

그러자 밀라레파가 대답했다. "전혀 불가능한 일이 아닙니다! 저는 스승님의 능력으로 행하고 있을 뿐입니다."

이 말을 듣고 스승은 생각했다. "만약 내 이름과 능력이 이 무지하고 어리석은 자에게 이런 일을 가능하게 했다면…… 나는 한 번도 스스로 시도해 본 적이 없지 않은가." 그리고 그는 밀라레파처럼 물 위를 걷고자 했다. 그는 물에 빠져 죽었다. 그 후 아무도 그를 보지 못했다.

깨어 있음

깨어 있으라. 매 순간을 생의 마지막 순간인 것처럼 받아들여라. 그리고 거기에는 이것이 마지막 순간일 수도 있는 모든 가능성이 존재한다. 그러니 이 순간을 완전히 사용하라. 그것의 즙을 완전히 짜내라. 바로 그 전체성 안에서 당신은 깨어 있을 것이다.

깨어 있음

에키도 제자의 갑작스런 죽음

일본인 선사 에키도는 엄한 스승이어서 제자들이 그를 두려워했다.

어느 날, 하루의 시간을 알리기 위해 사원의 종을 치던 제자가 문 앞을 지나가는 아름다운 여인을 바라보느라 그만 타종하는 것을 깜박 잊어버렸다.

그는 에키도가 자신의 뒤에 서 있는 것을 몰랐고, 에키도는 들고 있던 주장자로 제자를 후려쳤다. 그 충격으로 제자는 심장마비를 일으켜 죽어 버렸다.

이 이야기를 듣고서 당신은 스승이 제자를 죽였다고 생각할지 모른다. 그렇지 않다. 제자는 어떻게든 죽게 되어 있었다. 그때는 그가 죽을 순간이었다. 스승은 그것을 알고 있었다. 그는 제자의 깨달음을 위해 단지 죽음의 순간을 이용했을 뿐이다. 이런 내용은 이야기 속에 들어 있지 않지만, 실제로는 그랬을 것이다. 그렇지 않다면 왜 스승이 제자의 등 뒤에 서 있었겠는가? 그에게 더 중요한 일은 없었던 것일까? 하지만 바로 그 순간에는 그보다 더 중요한 일이 없었다. 왜냐하면 이 제자는 죽을 것이며, 그의 죽음이 이용되어야 했기 때문이다.

이 이야기는 아름답고 의미심장하다. 제자는 지나가던 아름다운 여자를 보았고, 온 정신을 잃어버렸다. 그의 존재 전체가 하나의 욕망이 되었다. 그는 그녀를 따라가 소유하고 싶었다. 그는 방금 전까지만 해도 깨어 있었으나 이제는 깨어 있지 않았다.

그는 완전히 깨어서 타종을 하고 있었다. 이것은 선불교 수도원의 명상 방법 가운데 하나이다. 당신이 무엇을 하고 있든지, 그것을 자각하라. 당신이 무엇을 하든지, 하나의 빛으로서 그곳에 있으라. 그러면 모든 것이 드러날 것이다. 그래서 이 제자는 죽음의 순간에 깨어 있고 자각할 것이었다. 그러자 마음이 최후의 것, 마지막 수단을 동원했다. 아름다운 여자가 나타난 것이다!

이 순간, 제자가 자각을 잃고 있을 때, 스승은 그의 머리를 힘껏 후려쳤다. 스승은 보이지 않는 죽음의 순간이 다가오는 것을 알았고, 제자가 깨어 있도록 하기 위해 그를 세게 내리쳤다. 스승은 그의 뒤에서 기다리고 있었다. 육체적으로나 혹은 다른 의미로나 스승들은 항상 제자 뒤에서 기다리고 있다. 사람이 죽는 순간은 가장 중요한 순간들 중 하나다. 스승은 그를 세게 쳤고, 제자의 몸은 바닥에 쓰러졌다. 그러나 내면에서 그는 깨어 있게 되었다. 욕망은 사라졌다. 몸과 함께 모든 것이 떨어지고 흩어졌다. 그 깨어 있음 안에서 그는 죽었다. 만약 당신이 깨어 있는 채로 죽는다면, 당신은 깨닫게 될 것이다.

16

모방

자신에게 진실하라. 자신의 진실이 당신을 궁극의 진리로 이끌 수 있기 때문이다. 다른 누구의 진실도 당신의 진실일 수는 없다.

당신은 내면에 씨앗을 갖고 있다. 그 씨앗이 싹을 틔우고 나무가 되어야만 당신은 꽃을 피울 것이다. 그러면 당신은 환희와 축복을 얻게 된다. 하지만 만약 당신이 다른 사람을 따라 하고 있다면, 씨앗은 죽은 채로 있을 것이다. 세상의 모든 숭고한 지식들을 모으고 세상에서 성공할지라도, 당신은 공허함을 느낄 것이다. 다른 무엇도 당신을 채울 수 없기 때문이다. 오직 당신의 씨앗이 나무가 될 때 당신을 충족시킬 것이다. 오직 당신의 진실이 꽃을 피울 때에만 당신은 충족됨을 느낄 것이다. 그 전에는 불가능하다.

모방

구지 선사는 선(禪)에 대해 질문을 받을 때마다 손가락을 들어 올리는 것으로 설명을 대신하였다.

선사의 시중을 들던 동자승이 그를 흉내 내기 시작했다. 사람들이 찾아와서 스승이 어떤 가르침을 주느냐고 물을 때마다 소년은 자신의 손가락을 들어 올렸다.

구지는 이 이야기를 전해 들었다. 그리고 어느 날 소년이 그렇게 하고 있을 때, 구지 선사는 소년에게 다가가서 그를 붙잡은 뒤, 칼을 꺼내 소년의 손가락을 잘라 던져 버렸다.

소년이 울부짖으며 도망칠 때 구지가 소리쳤다. "멈춰라!"

소년은 걸음을 멈추고 돌아서서는 눈물이 가득한 눈으로 스승을 바라보았다. 구지는 자신의 손가락을 들어 올렸다.

소년은 자신의 손가락을 들어 올리려 하다가 자신에게 손가락이 없다는 것을 깨닫고서, 고개를 숙여 스승에게 절을 했다.

바로 그 순간 소년은 깨달았다.

매우 이상한 이야기다. 그리고 당신은 이 이야기를 오해하기 쉽다. 왜냐하면 삶에서 가장 이해하기 어려운 것이 깨달은 사람의 행동이기 때문이다.

스승은 불필요한 행동을 하지 않는다. 손가락을 들어 올리는 것도 마찬가지다. 구지는 아무 때나 손가락을 들어 올리지 않았다. 오직 선에 관해 설명할 때만 그렇게 했다. 왜 그랬을까? 당신의 모든 문제가 일어나는 이유는 당신이 부분들로 나뉘어 있기 때문이며, 또한 분리되어 있고, 혼란스러우며, 조화롭지 못하기 때문이다. 그러면 명상이란 무엇인가? 다름 아닌 합일로 가는 것이다. 구지가 말로 하는 설명은 부차적이었다. 들어 올린 하나의 손가락이 근본적인 것이었다. 그는 말하고 있었다. "하나로 있어라! 그러면 당신의 모든 문제는 해결될 것이다."

소년은 그를 흉내 내기 시작했다. 모방은 당신을 어디로도 데려갈 수 없다. 모방은 이상적인 것이 내면에서 일어나는 것이 아니라 바깥에서 온다고 믿는다는 것을 의미한다. 당신은 내면에 씨앗을 가지고 있다. 만약 당신이 다른 사람들을 모방하고 있다면, 씨앗은 죽은 채로 있을 것이다.

구지 선사는 매우 자비로운 사람이었음이 분명하다. 자비로워야만 그렇게 엄할 수 있다. 모방하는 것은 가차 없이 베어져야 한다. 손가락은 상징적인 것에 불과하다. 소년은 매우 심한 충격을 받았을 것이며, 그 고통은 그의 존재의 뿌리까지 도달했을 것이다. 매우 강렬한 자각의 순간, 매우 위대한 방편이 나왔다. 구지는 소리쳤다. "멈춰라!" 멈추는 순간, 거기에는 더 이상의 아픔이 없었다.

단지 오래된 습관으로, 스승이 자신의 손가락을 들어 올릴 때 소년도 자신의 손가락을 들어 올리려 했지만 거기에는 손가락이 없었다. 그리고 처음으로 소년은 자신이 육체가 아니라는 것을 깨닫는다. 그는 자각이며 의식이다. 그는 영혼이며, 몸은 집에 불과하다.

당신은 내면의 빛이다. 등잔이 아니라 불꽃이다.

17

차 한 잔

자각은 예민함을 통해 온다. 무슨 일을 하든지 더욱 예민해져야 한다. 심지어 차를 마시는 것처럼 사소한 일조차도……. 차를 마시는 일보다 더 사소한 일이 있는가? 차를 마시는 일보다 더 평범한 일이 있는가? 없을 것이다. 선불교 승려들과 스승들은 이처럼 가장 사소한 일을 가장 특별한 일로 격상시켰다. 그들은 '이것'과 '저것' 사이에 다리를 놓았다. 마치 신과 차가 하나 된 것처럼. 만약 차를 마시는 일이 신성한 일이 되지 않는다면, 당신은 신성하지 않을 것이다. 왜냐하면 가장 사소한 것이 가장 중요한 것으로 격상되어야 하고, 가장 평범한 것이 가장 특별한 것으로 격상되어야 하며, 지상이 천국으로 변해야 하기 때문이다. 그들은 다리를 놓아야 한다. 간격은 남지 않아야 한다.

차 한 잔

달마의 눈꺼풀과 차의 기원

차는 선불교의 창시자인 달마에 의해 발견되었다. 이 이야기는 매우 아름답다.

그는 9년 동안 면벽하며 명상을 하고 있었다. 9년 동안을 끊임없이 벽을 바라보기만 했으니, 때때로 잠에 빠져드는 것은 당연했다. 그는 계속해서 잠과 싸웠다. 기억하라, 형이상학적인 잠인 무의식을. 그는 자신이 잠들어 있을 때에도 계속 의식하기를 원했다. 그는 의식이 끊임없이 지속되기를 원했다. 등불은 낮이고 밤이고 24시간 동안 켜져 있어야 했다. 그것이 바로 디야나(dhyana), 즉 명상이다. 그것이 자각이다.

어느 날 밤, 그는 끊임없이 깨어 있는 것이 불가능하다고 느꼈다. 그는 잠에 빠져 있었다. 그래서 그는 눈꺼풀을 잘라 던져 버렸다!

이제 그가 눈을 감을 방법이 없었다. 이 이야기는 아름답다.

내면의 눈에 이르기 위해서는 이 바깥의 눈이 버려져야 할 것이다. 그만큼의 대가가 치러져야 한다.

그리고 무슨 일이 일어났을까? 며칠 뒤, 그는 자신이 땅에 던져버린 눈꺼풀들이 작은 싹으로 자라난 것을 발견했다. 이 싹은 차가 되었다. 그래서 당신이 차를 마실 때면 달마의 어떤 것이 당신의 내면으로 들어오며 당신은 잠에 빠질 수 없다. 달마는 '타(T'a)'라는 산에서 명상을 했다. 그 때문에 그것이 '차(tea)'라고 불리게 되었다. 그것은 달마가 9년 동안 명상했던 산으로부터 나온다. 이것은 우화이다.

선사가 "차 한 잔 드십시오."라고 말할 때, 그는 말하고 있다. "달마를 좀 맛보십시오. 신이 존재하는지 안 하는지, 누가 세상을 창조했는지, 천국은 어디에 있고 지옥은 어디에 있는지, 카르마와 환생의 이론은 무엇인지와 같은 질문들로 마음을 괴롭히지 마십시오." 선사가 "그런 것들은 다 잊어버리십시오. 차나 한 잔 드십시오."라고 말할 때, 그는 말하고 있다. "더욱 자각하는 것이 오히려 더 낫습니다. 이 모든 어리석은 이야기들 속으로 들어가지 마십시오. 그것은 당신에게 전혀 도움이 되지 않을 것입니다."

18

명상

삶에서 아주 사소한 일들도 편안히 이완된 자각으로 행하라. 먹을 때는 완전히 먹어라. 완전히 씹고, 완전히 맛보며, 완전히 향을 음미하라. 빵을 만져 보고, 감촉을 느끼고, 빵의 냄새를 맡고, 그 향을 음미하라. 빵을 씹고, 그것이 당신의 존재 속으로 녹아들게 하라. 그리고 의식한 채 있으라. 그러면 당신은 명상을 하고 있는 것이다. 그러면 명상은 삶과 분리되지 않는다.

명상이 삶에서 분리될 때는 무엇인가가 잘못되어 있는 것이다. 그것은 삶을 부정적으로 만든다. 그러면 수도원이나 히말라야의 동굴로 들어가려고 생각하게 된다. 삶에서 도피하고 싶어 한다. 삶이 명상을 방해하는 것처럼 보이기 때문이다.

삶은 방해꾼이 아니다. 삶이 바로 명상을 위한 기회이다.

명상

당신은 신발의 어느 쪽에 우산을 두었는가?

한 제자가 그의 스승인 이큐 선사를 만나기 위해 찾아왔다. 제자는 오랫동안 수련을 하고 있었다. 그날은 비가 내렸다. 그래서 그는 안으로 들어갈 때 자신의 신발과 우산을 밖에 두었다. 스승에게 절을 하고 나자, 스승은 그에게 신발의 어느 쪽에 우산을 두었느냐고 물었다.

자, 왜 이런 질문을 했을까? 당신은 스승이 그런 시시한 질문을 할 것이라고는 기대하지 않는다. 당신은 스승이 신에 대해, 쿤달리니 각성이나 차크라의 열림, 당신의 머릿속에서 생기는 빛에 대해 물어보기를 기대한다. 당신은 대단해 보이는 그런 것들, 신비하고 초자연적인 것들에 대해 질문한다. 하지만 이큐 선사는 매우 평범한 것을 물어보았다. 어떤 기독교 성자도 그런 것을 물어보지 않았을 것이다. 어떤 자이나교 승려도 그런 것을 물어보지 않았을 것이다. 어떤 힌두교 스와미도 그런 것을 물어보지 않았을 것이다. 그런 질문은 오로지 진정으로 붓다와 함께 있는, 붓다 안에 있는, 자신이 진정으로 붓다인 사람만이 할 수 있다. 스승은 제자에게 신발의 어느 쪽에 우산을 놓아두었는지 물었다. 자, 도대체 우산과 신발이 영성과 무슨 관련이 있단 말인가?

만약 같은 질문이 당신에게 주어졌다면, 당신은 짜증이 났을지도 모른다. 왜 이런 질문을 한단 말인가?

하지만 이 질문에는 더없이 가치 있는 무언가가 있다. 만약 그가 신에 대해 질문했더라면, 쿤달리니나 차크라에 대해 질문했더라면, 그 질문들은 완전히 무의미했을 것이다. 하지만 이 질문은 가치가 있다. 제자는 기억하지 못했다. 신발을 어디에 두었으며, 신발의 어느 쪽에 우산을 두었는지, 오른쪽에 두었는지 왼쪽에 두었는지, 대체 누가 신경을 쓴단 말인가? 누가 신경을 쓰는가? 누가 우산에 그렇게 많은 관심을 기울이는가? 누가 신발을 생각하는가? 누가 그렇게 주의 깊단 말인가?

하지만 이것으로 충분했다. 제자는 다시 돌아가야 했다. 이큐가 말했다. "돌아가서 7년 동안 더 명상하거라."

"7년이나 더요?" 제자는 말했다. "이런 사소한 잘못 때문에요?"

이큐가 대답했다. "이것은 작은 잘못이 아니다. 잘못은 작지도 크지도 않다. 너는 아직 명상하며 살고 있지 않다. 단지 그뿐이다. 돌아가서 7년 동안 더 명상하라. 그 다음에 오너라."

이것은 가장 중요한 가르침이다. 주의를 기울여라. 모든 것에 주의를 기울여라. 그리고 이것과 저것을 차별하지 말라. 이것은 하찮은 것이고 저것은 영적인 것이라고 차별하지 말라. 그것은 당신에게 달렸다. 관심을 갖고 주의를 기울여라. 그러면 모든 것이 영적으로 변한다. 관심을 갖지 않고 주의를 기울이지 않으면, 어떤 것도 영적이지 않게 된다.

영성은 당신이 주는 것이다. 그것은 당신이 세상에게 주는 선물이다. 이큐와 같은 스승이 그의 우산을 만질 때, 그 우산은 다른 것과 마찬가지로 신성하다. 명상의 에너지는 연금술과 같다. 그것은 평범한 금속을 황금으로 변화시킨다. 그것은 계속해서 더 낮은 것을 더 높게 변화시킨다. 궁극의 정점에서는 모든 것이 신성하다. 이 세상이 바로 천국이며, 이 몸이 바로 붓다이다.

19

중심에 머무르기

당신이 어디에 있든지 더욱 중심에 머무르고, 더욱 깨어 있으며, 더욱 의식하며 살아라. 다른 어디도 갈 곳이 없다. 일어나야 하는 모든 것은 당신의 내면에서 일어나야 하며, 그것은 당신의 손 안에 있다. 당신은 꼭두각시가 아니며, 당신의 줄이 다른 사람의 손에 있는 것도 아니다. 당신은 전적으로 자유로운 개인이다. 만약 당신이 환영들 속에 머물기로 결심한다면, 당신은 아주 많은 생애 동안 그렇게 머물 수도 있다. 만약 당신이 환영에서 빠져나오겠다고 결심한다면, 한 순간의 결정만으로 충분하다.

바로 이 순간, 당신은 모든 환영들에서 빠져나올 수 있다.

중심에 머무르기

붓다는 바이샬리에 머물고 있었는데, 그곳에는 암라팔리가 살고 있었다. 암라팔리는 창녀였다. 붓다가 살고 있을 당시 인도에서는 마을에서 가장 아름다운 여자는 불필요한 질투와 마찰, 싸움을 일으킨다는 이유로 누구와도 결혼할 수 없었다. 그래서 가장 아름다운 여자는 나가르바두, 즉 그 마을 전체의 여자가 되어야 했다.

이는 수치스러운 일이 아니었다. 그들은 오히려 매우 존경을 받았다. 그들은 평범한 창녀가 아니었다. 오직 부유한 사람, 왕이나 왕자, 장군들처럼 사회에서 가장 높은 신분의 사람들만 그들을 만날 수 있었다.

암라팔리는 매우 아름다웠다. 어느 날 그녀는 테라스에 서 있다가 한 젊은 비구승을 보게 되었다. 그녀는 어느 누구와도 사랑에 빠진

적이 없었지만, 존재감이 강하며 지혜롭고 우아해 보이는 그 청년을 보고는 갑자기 사랑에 빠져 버렸다. 암라팔리는 그가 걷고 있는 길로 달려 내려가 그에게 말했다. "사흘 뒤에 우기가 시작됩니다." 불교 승려는 우기에는 넉 달 동안 돌아다니지 않는다. 암라팔리가 말했다. "앞으로 넉 달 동안 저의 집에 머물러 주셨으면 합니다."

젊은 승려는 "스승님께 여쭈어 보겠습니다. 스승님이 허락하시면 그렇게 하지요." 하고 대답했다.

승려는 사원으로 돌아와서 붓다의 발을 만지며 절을 하고, 자초지종을 얘기했다. "그녀는 자기의 집에 넉 달 동안 머물러 달라고 제게 부탁했습니다. 저는 스승님께 여쭈어 보겠다고 대답했습니다. 제가 어떻게 해야 할지 말씀해 주십시오."

붓다는 그의 눈을 들여다보고 나서 말했다. "그 집에 머물러도 좋다."

이것은 충격적인 일이었다. 수많은 승려들은 할 말을 잃었고, 그들의 마음속에서는 굉장한 분노와 질투심이 일었다. 그가 암라팔리의 집에 머무르기 위해 떠난 뒤, 승려들은 매일 소문들을 전하기 시작했다. "도시 전체가 떠들썩해요. 온통 불교 승려가 암라팔리와 함께 머무르고 있다는 이야기뿐이에요."

붓다가 말했다. "침묵을 지켜라. 나는 나의 제자를 믿는다. 나는 그의 눈을 들여다보았다. 아무런 욕망이 없었다. 만약 내가 가지 말라고 말했어도, 그에게는 아무런 흔들림이 없었을 것이다. 나는 허락했고, 그는 떠났을 뿐이다. 나는 그의 자각을, 그의 명상을 믿는다. 너희는 왜 그리도 동요하고 걱정하는 것이냐?"

넉 달 뒤에 젊은 승려는 돌아왔고, 붓다의 발을 만지며 절을 올렸다. 그의 뒤에는 비구니 옷을 입은 암라팔리가 있었다. 그녀는 붓다의 발을 만지며 절하고 나서 말했다. "저는 당신의 제자를 유혹하려고 온갖 노력을 했으나, 오히려 제가 유혹되었습니다. 그는 진정한 삶이 당신의 발 아래에 있다는 것을 그의 존재와 자각으로 확신시켰습니다."

그러자 붓다가 대중들에게 말했다. "이제 너희들은 만족하느냐, 만족하지 않느냐?"

만약 명상이 깊다면, 자각이 맑다면, 어떠한 것도 그것을 방해할 수 없다. 암라팔리는 붓다의 제자들 가운데 깨달음을 얻은 여성 중 한 명이 되었다.

20

자아

자아(ego)는 사회적 현상이다. 그것은 사회이지, 당신이 아니다. 하지만 자아는 당신에게 사회에서의 역할과 사회 계층 안에서의 자리를 부여한다. 만약 당신이 현재의 자아에 만족한다면, 당신은 진정한 자아를 발견할 기회를 완전히 빼앗길 것이다. 당신은 온갖 종류의 불행이 자아를 통해 들어온다는 것을 알아차린 적이 있는가? 자아는 당신을 행복하게 만들 수 없으며, 오직 불행하게만 만들 수 있을 뿐이다. 자아는 지옥과 같다. 고통을 받을 때마다 관찰하고 분석해 보라. 그러면 당신은 어디에선가 자아가 고통의 원인임을 알게 될 것이다.

자아

여자와 건너야 하는 강

두 명의 불교 승려가 절로 돌아가다가 어느 개울에 이르게 되었다. 개울은 물살이 몹시 세고 가파르게 비탈져 있었다. 젊고 아름다운 한 처녀가 개울가에 서서 강을 건너도록 도와 줄 사람을 기다리고 있었다. 그녀는 혼자 개울 속으로 들어가는 것을 두려워하고 있었다.

나이 많은 승려가 앞에서 걷고 있었다. 나이가 많기 때문이다. 이것들은 모두 자아의 장난이다. 만약 당신이 나이 많은 승려라면, 당신은 앞에서 걸어야 한다. 젊은 승려는 조금 뒤에서 걸어야 한다. 나이 많은 승려가 먼저 도착했고, 처녀가 그에게 부탁했다. "저를 도와 주세요. 그냥 제 손만이라도 잡아 주시면 안 될까요? 물살이 너무 세고 깊어 보여서 무서워요."

나이 많은 승려는 눈을 감았다. 붓다는 승려들에게 그렇게 말했다. 붓다는 여자를 보면, 특히 그 여자가 아름다우면, 눈을 감으라고 말했다. 하지만 나는 놀랍다. 눈을 감는 것은 여자를 본 뒤의 일이다. 그렇지 않다면 그녀가 여자이며 아름답다는 것을 어떻게 알 수 있겠는가? 이미 영향을 받은 것이다. 그런데 이제 눈을 감는다! 그래서 그 승려는 눈을 감고서 처녀에게 대답하지 않은 채 개울로 들어갔다.

곧 이어 젊은 승려가 도착했다. 처녀는 두려웠지만 다른 방법이 없었다. 해는 지고 있었고 곧 어두워질 것이었다. 그래서 그녀는 젊은 승려에게 부탁했다. "제 손을 좀 잡아 주실래요? 개울이 너무 깊고 물살이 세 보여요. 무서워요."

젊은 승려가 대답했다. "물이 깊군요. 손을 잡는 것으로는 안 되겠습니다. 제 등에 업히세요. 제가 건너편으로 데려다 드리지요."

그들이 절에 다다랐을 때, 나이 많은 승려가 젊은 승려에게 말했다. "여보게, 자네는 죄를 범했네. 나는 자네가 여자를 만졌을 뿐 아니라 얘기도 하고 심지어 등에 업고 강을 건네준 것까지 보고하겠네. 자네는 파문당할 걸세. 자네는 승려가 될 자격이 없어."

젊은 승려는 웃으며 말했다. "저는 그 처녀를 십 리 밖에 내려 두고 왔는데, 사형은 여전히 그 처녀를 등에 업고 있는 것 같습니다.

십 리나 지나왔습니다. 그런데 아직도 그 일로 고민하고 있습니까?"

이 늙은 승려에게 무슨 일이 일어나고 있었던 것일까? 처녀는 아름다웠다. 그는 기회를 놓쳤다. 그래서 화가 났고 질투를 하고 있었던 것이다. 그는 성욕으로 가득 차서 마음속이 뒤죽박죽이었다. 반면 젊은 승려는 완전히 깨끗했다. 그는 처녀를 건너편 기슭으로 데려다 주었으며, 그것으로 끝났다. 일이 마무리되었다.

탐욕, 자아, 질투, 미움과 결코 싸우지 말라. 당신은 그것들을 죽일 수 없고, 억누를 수도 없으며, 맞서 싸울 수도 없다. 당신이 할 수 있는 일은 오직 그것들을 자각하는 것뿐이다. 자각하는 순간, 그것들은 사라진다. 빛이 밝혀지면 어둠이 사라지듯이.

21

양심

사회는 당신에게 계속해서 말한다. "이것이 옳고, 저것은 잘못이다." 이것이 양심이다. 이것은 당신에게 깊이 스며들어 뿌리를 내린다. 당신은 그것을 계속해서 반복한다. 그것은 가치가 없다. 실재하는 것이 아니다. 실재하는 것은 당신 자신의 의식이다. 그것은 무엇이 옳고 그른지에 대해 이미 만들어 놓은 답을 가지고 있지 않다. 하지만 즉각적으로, 어떤 상황이 일어나든지, 그것은 당신에게 빛을 준다. 당신은 무엇을 해야 하는지 즉각 알게 된다.

양심

막달라 마리아와 기한 향유

예수는 막달라 마리아의 집을 방문했다. 막달라 마리아는 그를 깊이 사랑하고 있었다. 그녀는 예수의 발에 비싼 향유를 통째로 부었다. 너무 귀한 것이라 쉽게 구할 수 없는 향유였다. 유다가 즉시 이의를 제기했다. 그는 예수에게 말했다. "사람들이 행하는 이런 터무니없는 짓을 금지해야 합니다. 이 모든 것이 낭비 아닙니까. 세상에는 가난하고 굶주린 사람들이 많습니다. 우리는 그 돈을 가난한 사람들에게 나누어 줄 수 있었을 것입니다."

예수는 어떻게 대답했을까? "그 점에 대해 걱정하지 말라. 가난하고 굶주린 사람들은 언제나 있을 것이다. 그러나 나는 곧 떠날 것이다. 너는 그들에게 언제나 봉사할 수 있을 것이니 서두를 것 없다. 하지만 나는 떠날 것이다. 귀한 향유를 보지 말고 저 사랑을 보

라. 막달라 마리아의 사랑을, 그녀의 가슴을 보라."

당신은 누구에게 동의하는가? 예수는 부르주아로 보이고, 유다는 매우 검소한 자로 보인다. 유다는 가난한 사람들에 대해 말하고 있다. 그런데 예수는 이렇게 말할 뿐이다. "나는 곧 떠날 것이다. 그러니 그녀의 가슴이 무엇이든 원하는 대로 하도록 내버려두어라. 너의 철학을 개입시키지 말라." 일반적으로 사람들은 유다에게 동의할 것이다. 그는 교양 있는 사람이었고, 세련된 사상가였다. 그러나 그는 배반했다. 은화 30냥에 예수를 팔았다.

하지만 예수가 십자가에 못 박힐 때, 그는 죄책감을 느끼기 시작했다. 그것이 선한 사람들이 행하는 방식이다. 그는 심한 죄책감을 느끼기 시작했으며, 양심은 그를 아프게 찌르기 시작했다. 그는 결국 자살했다. 그는 선한 사람이었고 양심이 있었다. 그러나 그에게는 의식이 없었다.

이 차이를 깊이 느껴야 한다. 양심은 사회에서 받는 것이며 빌리는 것이다. 의식은 당신이 도달하는 것이다. 사회는 당신에게 무엇이 옳고 그른지를 가르친다. 이것은 하고, 저것은 하지 말라고 한다. 사회는 당신에게 도덕을 주고, 규범과 게임의 규칙을 준다. 이것이 당신의 양심이다. 밖에는 경찰이 있고, 내면에는 양심이 있다. 이것이 사회가 당신을 통제하는 방법이다.

유다에게는 양심이 있었다. 하지만 예수에게는 의식이 있었다. 예수는 여인의 사랑, 막달라 마리아의 사랑에 더 관심을 가졌다. 그것은 너무나 깊은 것이어서 그녀를 막는 것은 그녀의 사랑에 상처를 주는 것이었다. 그녀는 안으로 움츠러들었을 것이다. 예수의 발에 향유를 붓는 것은 하나의 몸짓일 뿐이었다. 그 이면에서 그녀는 말하고 있었다. "이것이 제가 가진 모든 것입니다. 가장 값진 것입니다. 물을 붓는 것으로는 충분하지 않습니다. 그것은 너무나 값싼 것입니다. 저는 제 가슴을 붓고 싶습니다. 저의 존재 전체를 붓고 싶습니다."

그러나 유다는 양심의 사람이었다. 그는 향유를 보았고 "너무 비싸다."고 말했다. 그는 여인과 그녀의 가슴에는 완전히 눈이 멀어 있었다. 향유는 물질이며, 사랑은 물질이 아니다. 하지만 유다는 물질 아닌 것을 볼 수 없었다. 그러므로 의식의 눈이 필요하다.

22

어리석은 가슴

가슴은 자기만의 이성을 가지고 있는데, 마음은 이것을 이해할 수 없다. 가슴은 자기 존재의 차원을 갖지만, 마음은 이것을 전혀 모른다. 가슴은 마음보다 더 높고 깊다. 가슴은 마음이 도달할 수 없는 곳에 있다. 가슴은 어리석어 보인다. 사랑은 언제나 어리석어 보인다. 사랑은 실리적이지 않기 때문이다. 마음은 실리적이다. 마음은 어떤 목적을 위해서라면 모든 것을 이용한다. 그것이 실리적이라는 것의 의미다. 마음은 목적이 있으며, 결과 지향적이다. 모든 것을 수단으로 바꾸어 버린다. 그러나 사랑은 수단으로 바뀔 수 없다. 그것이 문제다. 사랑은 그 자체로 목적이다.

어리석은 가슴

아씨시의 성 프란치스코의 광적인 지혜

바보들은 언제나 미묘한 지혜를 지니고 있으며, 현자들은 언제나 바보처럼 행동한다.

옛날에 위대한 황제들은 언제나 궁정에 바보 한 명을 두었다. 황제들은 현명한 사람들과 자문관들, 신하들과 대신들을 많이 두었지만, 언제나 바보도 한 명 곁에 두었다. 왜 그랬을까? 왜냐하면 이른바 현명한 자들이라 일컬어지는 사람들도 이해할 수 없는, 오직 바보들만이 이해할 수 있는 어떤 것들이 있기 때문이다. 이른바 현명한 자들은 너무 어리석어서 그들의 교활함과 영리함이 그들의 마음을 가려 버리기 때문이다.

바보는 단순하다. 그래서 바보가 필요했다. 왜냐하면 이른바 현명한 자들이라 불리는 사람들은 황제를 두려워한 나머지, 어떤 애기를 하지 않으려 한 경우가 많았기 때문이다. 바보는 아무도 두려워하지 않는다. 바보는 결과를 생각하지 않고 말할 것이다. 바보들은 이렇게 행동한다. 결과가 어떻게 될 것인지는 생각하지 않는다. 영리한 사람은 언제나 결과를 먼저 생각하고 나서 행동한다. 생각이 행동에 앞선다. 하지만 바보는 먼저 행동한다. 생각이 앞서는 일은 결코 없다.

어떤 사람이 궁극을 깨닫는다면, 그는 당신이 생각하는 현명한 사람과 같지 않다. 그는 그럴 수 없다. 그는 아마도 당신이 바보라고 생각하는 사람과 같을 것이다. 그는 당신이 생각하는 현명한 사람과 같을 수 없다.

성 프란치스코가 깨달았을 때, 그는 자신을 '신의 바보'라고 부르곤 했다. 교황은 현명한 사람이었다. 프란치스코가 그를 만나기 위해 왔을 때, 교황은 그가 미쳤다고 생각했다. 그는 지적이고 계산적이며 영리했다. 그렇지 않으면 어떻게 교황이 되었겠는가? 교황이 되기 위해서는 수많은 정치적인 문제를 통과해야 한다. 교황이 되기 위해서는 외교 수완이 필요하다. 다른 사람들을 밀어내고, 사다리로 이용하고 던져 버리기 위해서는 경쟁적인 공격성이 필요하다. 그것이 정치다. 교황은 정치적인 수장이기 때문이다. 종교는 부차적이거나 혹은 아무 의미도 없는 것일 수 있다. 종교적인 사람이 어떻게 자신의 지위를 위해 싸우거나 공격할 수 있겠는가? 그들은 단지 정치인들일 뿐이다.

성 프란치스코는 교황을 만나기 위해 왔고, 교황은 그를 바보라고 생각했다. 하지만 나무나 새, 물고기들은 다르게 생각했다. 프란치스코가 강가로 오면, 물고기들은 그가 온 것을 기뻐하며 물 위로 뛰어올랐다. 수많은 사람들이 이 광경을 목격했다. 수많은 물고기가 동시에 뛰어올랐다. 물 위로 뛰어오르는 물고기들에 가려 강이 보이지 않을 정도였다. 그가 가는 곳이면 어디든지 새들이 따라다녔다. 새들이 날아와서 그의 다리에, 몸에, 무릎에 앉았다. 그들은 이 바보를 교황보다 더 잘 이해했다. 심지어 말라 죽어 가던 나무들도 성 프란치스코가 다가오면 푸르게 변했고 다시 꽃을 피웠다. 나무들은 이 바보가 평범한 바보가 아니라 신의 바보라는 것을 잘 알고 있었다.

23

기두

당신의 몸짓이 살아 있게 하고 즉각적이게 하라. 당신의 자각이 생활양식과 삶의 패턴을 결정하게 하라. 다른 사람이 결정하도록 허용하지 말라. 다른 사람이 결정하도록 허용하는 것은 죄다. 왜 그것이 죄가 되는가? 그 속에 당신이 있지 않기 때문이다. 그것은 피상적인 채로 남을 것이다. 그것은 위선일 것이다.

기도하는 법을 다른 사람에게 묻지 말라. 그 순간이 결정하도록 하고, 그 순간이 결정적이게 하며, 그 순간의 진실이 당신의 기도이게 하라. 그 순간의 진실에 자신을 맡긴다면, 당신은 점점 성장하기 시작할 것이며 기도의 놀라운 아름다움도 알게 될 것이다. 당신은 이제 길로 들어섰다.

기도

모세의 규칙과 사랑

모세에 관해 널리 알려진 이야기다.

모세는 숲속을 지나다가 기도하는 남자를 보았다. 남자가 터무니없는 말을 하고 있었으므로 모세는 걸음을 멈추지 않을 수 없었다. 남자가 말하고 있는 내용은 불경스럽거니와 신을 모독하는 말들이었다. 그는 말하고 있었다. "신이시여! 당신은 때때로 매우 외롭다고 느끼실 겁니다. 그럴 때는 제가 와서 그림자처럼 당신 곁에 있겠습니다. 제가 여기에 있는데 왜 외로워하십니까? 저는 쓸모없는 사람이 아닙니다. 저는 당신을 목욕시켜 드릴 수 있고, 당신의 머리와 몸에 있는 이도 잡아 드릴 수 있습니다."

이라고?! 모세는 자신의 귀를 의심했다. 이 남자가 도대체 무슨 소리를 하는 것인가? "그리고 저는 당신을 위해 음식을 준비하겠습니다. 모두들 제가 만든 음식을 좋아합니다. 저는 당신의 잠자리도 준비하고 당신의 옷도 빨겠습니다. 당신이 아프시면 제가 돌봐 드리겠습니다. 당신에게 어머니도 되어 드리고, 아내, 하인, 노예도 되어 드리겠습니다. 저는 무엇이든 할 수 있습니다. 그러니 어떻게 하면 제가 당신께 올 수 있는지만 알려주세요."

모세는 그의 기도를 제지하고 나서 말했다. "지금 무슨 짓을 하고 있는 겁니까? 누구에게 이야기하고 있습니까? 신의 머리에 있는 이라고요? 신에게 목욕을 시켜 드려요? 이런 말도 안 되는 소릴랑 집어치우시오! 이것은 기도가 아니오. 당신은 신을 모욕하고 있소."

모세를 보고서 남자는 그의 발 앞에 엎드렸다. "제가 잘못했습니다. 저는 글도 읽을 줄 모르는 무식한 사람입니다. 어떻게 기도해야 하는지도 모릅니다. 제발 가르쳐 주세요!"

모세는 그에게 올바르게 기도하는 법을 가르쳐 주었다. 모세는 한 사람을 바른 길로 인도했다는 생각에 매우 행복했다. 에고가 부풀어 올랐고 행복했다. 그는 다시 길을 떠났다.

그가 혼자 숲속을 걷고 있을 때, 하늘에서 우레 같은 목소리가 들렸다. "모세야, 내가 너를 세상에 보낸 것은 사람들을 나에게 데려오고, 사람들을 나에게 연결시키기 위함이었지, 나의 사랑하는 사람들을 나에게서 멀어지게 하기 위함이 아니었다. 그리고 네가 지금까지 한 일은 바로 그런 일이었다. 그런데 그 남자는 나와 가장 친밀한 사람 가운데 한 명이다. 돌아가서 사과해라. 너의 기도는 돌려받아라! 너는 그의 이야기의 모든 아름다움을 망쳐 버렸다. 그는 진실하며 나를 사랑한다. 그의 사랑은 진실하다. 무슨 말을 하든지 그는 가슴에서 우러나오는 말을 하고 있었으며, 의례적이지 않았다. 그러나 이제 네가 그 사람에게 준 기도는 의례에 불과하다. 그는 그 말을 반복하겠지만, 그것은 입으로만 하는 기도일 뿐이다. 그것은 그의 존재에서 우러나오는 기도가 아닐 것이다."

24

힘의 오용

심령적인 능력들의 오용에 대한 유일한 해독제는 사랑이다. 사랑이 없다면 모든 능력은 부패한다. 그것은 재산일 수도 있고, 명예일 수도 있으며, 정치권력일 수도 있고, 심령적인 능력일 수도 있다. 아무런 차이가 없다. 당신이 힘이 있다고 느낄 때, 당신에게 사랑이라는 해독제가 없다면, 당신의 힘은 다른 사람들에게 재난이 될 것이며 저주가 될 것이다. 힘은 눈을 멀게 만들기 때문이다. 사랑은 눈을 열어 주고, 눈을 맑게 한다. 사랑으로 당신의 지각이 맑아진다.

힘의 오용

비베카난다는 어떻게 해서 열쇠를 잃어버렸는가?

캘커타의 닥쉬네슈와르에는 라마크리슈나의 아쉬람이 있는데, 그곳에는 많은 제자들이 있었다. 비베카난다는 가장 똑똑한 제자 가운데 한 명이었다. 제자 가운데는 신분이 미천하고 무식하며 가난한 남자도 있었는데, 그의 이름은 칼루였다. 그는 너무나 믿음이 강하고 종교적이며 감정적인 사람이라서 그의 방에는 수백 개의 서로 다른 신상들이 있었다. 이른 아침마다 그는 갠지스 강에서 목욕을 하고 나서 이 모든 신들에게 일일이 경배하기 시작했다. 물론 각각의 신들은 똑같이 경배되었다. 그렇지 않으면 어떤 신은 기분이 상할지도 모를 일이었다. 그러다 보면 하루가 다 지나가서 칼루는 아무 일도 할 수가 없었다. 모두들 이런 칼루를 비웃었다. "대체 무슨 짓을 하는 거냐? 한 명의 신으로도 충분해!"

칼루를 가장 잘 놀렸던 제자는 비베카난다였다. 그는 말했다. "너는 정말로 바보구나. 이것들은 돌덩이에 지나지 않아! 너는 인생을 낭비하고 있어."

어느 날 라마크리슈나가 비베카난다에게 어떤 자각의 수행법을 알려주었다. "너의 방에 들어가서 문을 닫고 수행해라." 비베카난다가 어느 경지에 이르렀을 때, 그는 강력한 힘으로 충만해짐을 느꼈다. 그러자 마음속에 이런 생각이 떠올랐다. "내가 만약 지금 마음속으로 칼루에게 '네 모든 신들을 가져다가 갠지스 강에 버려라.'고 말한다면 그는 그렇게 할 것이다."

그리고 그는 그렇게 했다. 그는 자신의 방에서, 마음속으로 말했다. "칼루야, 네가 숭배하는 모든 신들을 모아서 갠지스 강에 갖다 버려라."

칼루는 모든 신상을 큰 자루에 담아서 계단 아래로 끌고 내려오고 있었다. 그때 라마크리슈나가 그를 쫓아와서 물었다. "지금 무엇을 하고 있느냐?"

칼루가 대답했다. "저는 갑자기 어떤 목소리를 들었습니다. 그것은 신의 소리임이 분명합니다. 방에는 아무도 없었거든요. 그 목소리가 말했습니다. '칼루야, 네 신상들을 모두 모아서 갠지스 강에 던져 버려라.' 너무나 강력한 목소리여서 의심할 수가 없었습니다."

라마크리슈나가 말했다. "이 신상을 다시 가져가거라. 그 목소리가 어디서 나온 것인지 알려주마." 그는 비베카난다가 있는 방의 문을 두드렸다. 비베카난다가 나왔다. 라마크리슈나는 몹시 화가 나 있었다. 그는 말했다. "비베카난다, 이것은 내가 너에게 전혀 기대하지 않았던 행동이다. 나는 너에게 자각하라고 했지 불쌍한 사람의 인생을 망치라고 하지 않았다. 이 사람은 너무나 천진하며 신을 사랑하는 아름다운 사람이다. 어떻게 네가 그런 짓을 할 수 있느냐? 앞으로 너는 이와 같은 힘을 절대 얻지 못할 것이다."

비베카난다는 깨달음에 이르지 못하고 죽었다고 한다. 그는 훌륭한 웅변가이며 카리스마가 넘치고 사람들에게 영향력이 있었기 때문에 라마크리슈나의 후계자는 되었지만, 실상은 아무것도 알지 못하는 불쌍한 사람으로 죽었다. 왜냐하면 그는 작은 힘을 얻었으나, 사람을 이롭게 하기 위해서가 아니라 사람을 해하기 위해 즉시 사용했기 때문이다.

25

길 위의 빛

번개의 섬광은 당신의 길을 밝혀 주지 않는다. 그것은 당신의 손 안에 있는 램프처럼 계속 비추어 주지 않는다. 단지 앞에 펼쳐진 길을 잠깐 동안 비추어 줄 뿐이다. 그러나 한 번의 섬광은 매우 귀중하다. 이제 당신의 발걸음은 확신에 찰 것이고, 의지는 더 강해질 것이며, 목적지에 도달하고야 말겠다는 결의는 더 굳어질 것이다. 당신은 그 길을 보았다. 그래서 거기에 길이 있으며, 자신이 목표 없이 방황하고 있지 않다는 것을 알게 된다. 한 번 비친 번개의 섬광으로 당신은 여행할 길을, 여행의 목적지인 사원을 흘끗 보게 된다.

길 위의 빛

철학자, 신비가, 그리고 뇌우

나는 몹시 어두운 밤에 숲에서 길을 잃은 두 남자에 관한 이야기를 들었다. 그 숲은 야생 동물이 많아 매우 위험했고, 빽빽한 밀림이었으며, 사방이 온통 칠흑같이 깜깜했다. 한 사람은 철학자였고 다른 사람은 신비가였다. 돌연 폭풍우가 몰아쳤고, 구름들 속에서 우르르 꽝 하고 천둥소리가 울리더니 거대한 번개가 쳤다.

철학자는 하늘을 올려다보았고, 신비가는 길을 바라보았다. 번개가 치는 순간, 신비가의 앞에 있던 길이 환히 밝아졌다. 철학자는 번개를 보고서 걱정하기 시작했다. "무슨 일이 일어나고 있는 것인가?" 그리고 길을 잃었다.

당신은 이 이야기 속의 숲보다 더 빽빽한 밀림 속에서 길을 잃고 있다. 밤은 더욱 어둡다. 때때로 번개가 친다. 길을 바라보라.

장자는 번개다. 붓다는 번개다. 나는 번개다. 나를 바라보지 말라. 길을 바라보라. 만약 당신이 나를 바라본다면, 당신은 이미 길을 잃은 것이다. 번개는 계속되지 않을 것이기 때문이다. 그곳은 한순간만 지속된다. 그리고 영원성이 시간을 꿰뚫는 순간은 아주 드물다. 그것은 마치 번개와 같다.

만약 당신이 번개를 바라본다면, 어느 붓다를 바라본다면, 그 붓다가 아름답고 얼굴이 매혹적이며 눈이 자석처럼 끌어당긴다고 하여 그 붓다를 바라본다면, 당신은 길을 잃었다.

붓다는 잊고 길을 바라보라. 길을 바라보고 뭔가를 하라. 길을 따라 가고 행동하라. 생각은 당신을 나아가게 하지 않는다. 오로지 행동만이 그렇게 한다. 생각은 머릿속에서만 나아가기 때문이다. 그것은 결코 전체가 될 수 없다. 오로지 행동할 때만 그것은 전체이다.

삶에 관심을 가져라! 삶은 실재하는 것이다. 명상이 무엇인지에 관한 정보만을 계속 수집하지 말라. 그냥 명상하라! 춤이 무엇인지에 관한 정보만을 계속 수집하지 말라. 춤에 관한 백과사전들이 있지만, 만약 당신이 직접 춤을 추지 않는다면 그 모든 것은 완전히 무의미한 것이다.

그 모든 백과사전들을 던져 버려라! 지식에 대한 부담을 내려놓고, 삶을 살기 시작하라. 당신이 삶을 살기 시작하면, 평범한 것들이 비범한 아름다움으로 변할 것이다. 사소한 것들이지만, 삶은 사소한 것들로 이루어진다. 강렬하고 열정적인 사랑으로 대한다면 그것들은 변형되어 환하게 빛날 것이다.

26

독특함

모든 인간은 독특하다. 우월한 사람도 없고, 열등한 사람도 없다. 그렇다, 사람들은 다르다. 한 가지 상기시켜 줄 것이 있다. 그렇지 않으면 나를 오해할지도 모른다. 나는 모든 사람이 똑같다고 말하는 것이 아니다. 어느 누구도 우월하지 않고, 어느 누구도 열등하지 않다. 하지만 또한 어느 누구도 똑같지 않다. 사람들은 독특하며 비교될 수 없다. 당신은 당신이고, 나는 나다. 나는 나의 가능성을 삶에 부여해야 하고, 당신은 당신의 가능성을 삶에 부여해야 한다. 나는 나 자신의 존재를 발견해야 하고, 당신은 당신 자신의 존재를 발견해야 한다.

독특함

우월과 열등을 넘어서

열등감이 사라질 때, 모든 우월감도 사라진다. 이 둘은 공존하며 분리될 수 없다. 자신이 우월하다고 느끼는 사람은 마찬가지로 열등감도 가지고 있다. 열등하다고 느끼는 사람 또한 어디엔가 우월감을 가지고 있다. 그들은 하나의 짝이다. 그들은 또한 항상 그곳에 함께 있으며 분리될 수 없다.

이런 일이 있었다. 몹시 자신만만하던 무사가 선사를 만나러 갔다. 그는 이름만 대면 모르는 사람이 아무도 없을 정도로 전국에서 유명한 무사였다. 하지만 스님을 바라보면서, 스님의 아름다움과 기품을 바라보면서, 그는 갑자기 열등감을 느꼈다. 아마 그는 의식하지는 못했지만 자신의 우월함을 증명하려는 욕망을 품고 왔을지도 모른다.

그는 스님에게 말했다. "제가 왜 열등감을 느끼는 것입니까? 조금 전만 해도 모든 것이 좋았습니다. 그런데 스님이 계신 이곳으로 들어온 뒤로 갑자기 열등감이 느껴집니다. 한 번도 이런 느낌을 받은 적이 없는데, 제 손이 떨리고 있습니다. 저는 무사입니다. 죽을 고비를 수없이 넘겼지만 한 번도 두려움을 느낀 적이 없습니다. 그런데 왜 제가 두려움을 느끼는 것입니까?"

스님이 말했다. "기다리세요. 사람들이 모두 돌아가면 답해 드리겠습니다." 그런데 사람들이 끊임없이 선사를 만나러 왔다. 무사는 기다리기에 지치기 시작했고 나중에는 몹시 지쳐 버렸다. 저녁때가 되어서야 방에 아무도 없게 되었다. 무사가 말했다. "이제 말씀해 주실 수 있습니까?" 그러자 스님은 "밖으로 나오세요."라고 했다.

보름달이 지평선 위로 떠오르고 있었다. 스님이 말했다. "이 나무들을 보십시오. 이 나무는 하늘 높이 솟아 있고, 저 나무는 작습니다. 두 나무는 오랜 세월 내 방의 창가에 함께 있었지만, 아무런 문제도 없었습니다. 작은 나무는 한 번도 큰 나무에게 '왜 나는 당신 앞에 있으면 열등감을 느낄까요?'라고 말한 적이 없습니다. 어떻게 그럴 수 있겠습니까? 이 나무는 작고 저 나무는 큽니다. 그런데 나는 어떤 속삭임도 들어본 적이 없습니다."

무사가 말했다. "나무들은 비교할 수 없기 때문에 그렇지요."

스님이 말했다. "그렇다면 당신도 나에게 물어볼 필요가 없습니다. 이미 답을 알고 있으니까요."

비교는 우월함과 열등함을 가져온다. 당신이 비교하지 않을 때, 모든 열등감과 모든 우월감이 사라진다. 그러면 당신은 자신일 뿐이다. 단지 그곳에 있을 뿐이다. 작은 나무인가 큰 나무인가, 그것은 문제가 되지 않는다. 당신은 자기 자신이다. 당신은 필요한 존재이다. 풀잎은 가장 큰 별만큼이나 필요한 존재이다. 풀잎이 없다면, 신은 지금보다 빈약할 것이다. 뻐꾸기 소리는 어느 붓다만큼이나 필요하다. 만약 뻐꾸기가 사라진다면, 세상은 점점 덜 풍요로워질 것이다.

주위를 둘러보라. 모든 것이 필요한 존재이며, 모든 것이 서로 어울린다. 그것은 유기적인 하나이다. 아무도 더 높지 않고 아무도 더 낮지 않다. 아무도 우월하지 않으며 아무도 열등하지 않다. 모두가 비교할 수 없이 독특하다.

27

위장된 축복

슬픔, 절망, 분노, 좌절, 걱정, 아픔, 불행에 관한 유일한 문제는 당신이 그것들을 없애려고 한다는 점이다. 그것이 유일한 장벽이다. 당신은 그것들과 함께 살아야 할 것이다. 당신은 벗어날 수 없다. 삶이 통합되고 성장하는 것은 바로 이런 상황들 속에서다. 그것들은 삶의 도전들이다. 그것들을 받아들여라. 그것들은 위장된 축복이다.

위장된 축복

한 노인의 행운과 불운

한 노인에게 매우 멋진 말이 있었다. 그 말은 무척 희귀해서 황제조차 탐을 냈다. 황제는 얼마든지 값을 지불할 테니 자신에게 팔라고 말했지만, 노인은 제안을 거절했다. 그런데 어느 날 아침 그는 말이 없어진 것을 발견했다. 온 마을 사람들이 모여들어 그를 측은히 여기며 말했다. "이 얼마나 불행한 일인지! 사람들이 큰돈을 지불하려고 했을 때 팔았다면 부자가 될 수 있었을 텐데. 그렇게나 완고하고 어리석더니, 이제 말을 도둑맞고 말았구려."

하지만 노인은 웃으며 말했다. "그런 허튼소릴랑 하지 마세요! 단지 말이 더 이상 마구간에 있지 않다고만 말하세요. 미래가 오면 알게 되겠지요."

보름 뒤에 말이 다시 돌아왔다. 그런데 혼자만 돌아온 것이 아니라, 숲에서 12마리나 되는 야생마를 데리고 나타났다. 마을 사람들이 모여들어 서로 얘기했다. "노인의 말이 옳았어! 그의 말이 다시 돌아왔을 뿐 아니라 훌륭한 말을 12마리나 데리고 오다니. 이제 엄청난 돈을 벌 수 있겠어."

그들은 노인에게 가서 말했다. "미안합니다. 우리가 미래도 모르고 신의 뜻도 몰랐습니다. 당신은 대단합니다! 당신은 무언가를 알았군요. 미래가 어찌될지 알았던 것 같아요."

노인이 대답했다. "당치도 않아요! 지금 내가 아는 것이라고는 말이 열두 마리의 다른 말을 데리고 온 것뿐입니다. 내일 무슨 일이 일어날지는 아무도 모릅니다."

그리고 다음 날, 노인의 외아들이 새로 온 말을 길들이려다 떨어져서 다리가 부러졌다. 마을 사람들이 다시 모여서 말했다. "정말 모를 일입니다. 당신이 옳았어요. 이 일이 저주가 되었군요. 말이 돌아오지 않는 편이 더 나았겠어요. 이제 당신의 아들은 평생을 절름발이로 지내야겠군요."

노인이 말했다. "너무 앞서 가지 마세요! 그냥 잠자코 무슨 일이 일어날지 보기나 합시다. 단지 내 아들의 다리가 부러졌다는 것까지만 말하세요. 그게 전부입니다."

보름이 지나자 마을의 모든 청년들이 나라에 강제로 차출되었다.

그 나라가 곧 전쟁을 벌일 예정이었기 때문이다. 마을 청년들 가운데는 노인의 아들만 남게 되었다. 그는 다리가 다쳐 쓸모가 없었기 때문이다. 모두들 모여서 말했다. "우리의 아들들은 모두 떠났답니다! 당신의 아들만 남았군요. 아들이 다리는 절지 모르지만 여기에 남아 있구려! 적군이 우리보다 훨씬 강하니, 우리의 아들들은 모두 죽게 될 것입니다. 우리는 늙어도 부양해 줄 사람이 아무도 없을 텐데, 당신에게는 아들이 남아 있구려. 아마 다리까지 나을지 모르지요."

그러나 노인은 말했다. "나라에서 당신들의 아들을 데려갔습니다. 오직 이만큼만 말하세요. 내 아들은 남았습니다. 하지만 결론이 난 것은 없습니다."

단지 사실만을 말하라! 어떤 일을 저주라고도, 축복이라고도 생각하지 말라. 그것을 해석하지 말라. 그러면 갑자기 당신은 모든 것이 아름답다는 것을 알게 될 것이다.

28

자기 수용

당신은 자기를 향상시킬 수 없다. 나는 향상이 일어나지 않는다고 말하는 것이 아니다. 기억하라. 하지만 당신은 자기를 향상시킬 수 없다. 자기를 향상시키려는 노력을 멈출 때, 삶이 당신을 향상시킨다. 그 편안한 이완 속에서, 그 수용 속에서, 삶은 당신을 어루만지기 시작하며 당신을 통해 흐르기 시작한다.

어느 누구도 당신과 같았던 적이 없으며, 앞으로 어느 누구도 당신과 같지 않을 것이다. 당신은 독특하며 비교할 수 없는 존재다. 이 사실을 수용하고, 이 사실을 사랑하며, 이 사실을 찬미하라. 그러면 그 찬미 안에서 당신은 다른 사람들의 독특함과 비교할 수 없는 아름다움도 보기 시작할 것이다. 오직 자기 자신, 다른 사람, 세계를 깊이 수용할 때에만 사랑은 가능하다. 수용은 사랑이 자라는 환경을 창조하며, 사랑이 꽃피는 토양을 창조한다.

자기 수용

왕의 정원에 핀 팬지

나는 다음과 같은 이야기를 들었다.

어느 날 왕이 자신의 정원에 들어갔는데, 나무들과 관목, 꽃들이 시들어 죽어 가고 있었다. 떡갈나무는 자신이 소나무처럼 높이 자랄 수 없어서 죽어 가고 있다고 말했다. 소나무를 향해 고개를 돌린 왕은 소나무가 축 처져 있는 것을 보았다. 소나무는 포도나무처럼 포도송이를 매달고 있을 수 없어서 그렇다고 말했다. 그런데 포도나무도 죽어 가고 있었다. 장미처럼 꽃을 피울 수 없어서 그렇다는 것이다. 하지만 팬지는 활짝 피어 있었고 언제나처럼 싱싱했다. 왜 그런지를 묻자 팬지가 대답했다.

"당신이 나를 심었을 때, 당신이 원한 것은 팬지였습니다. 나는 그것을 당연하게 받아들였습니다. 만약에 떡갈나무나 포도나무, 장미를 원했다면, 당신은 그것을 심었을 것입니다. 그래서 당신이 나를 이곳에 심었을 때부터 나는 당신이 원하는 것이 되기 위해 최선을 다해야겠다고 생각했습니다. 나는 나 자신이 아닌 다른 무엇이 될 수 없습니다. 그래서 나 자신이 되기 위해 모든 능력을 다해 노력하고 있습니다."

당신이 여기 있는 것은 이 존재가 당신 자신으로 있는 당신을 필요로 하기 때문이다. 그렇지 않다면, 다른 누군가가 여기에 있었을 것이다! 존재는 당신이 여기에 있도록 돕지 않았을 것이며, 당신을 창조하지도 않았을 것이다. 당신은 매우 필수적이고 매우 근본적인 무엇인가를 충족시키고 있다, 당신 자신으로서.

만약 신이 붓다를 원했다면, 그는 원하는 만큼 많은 붓다를 만들 수 있었다. 그는 오직 한 명의 붓다만 만들었다. 그것으로 충분했으며, 신은 만족했고 완전히 만족했다. 그 후로 신은 또 하나의 붓다나 또 다른 예수를 만들지 않았다. 그는 대신에 당신을 창조했다. 생각해 보라, 우주가 당신을 얼마나 존중하고 있는지! 붓다가 아니라, 예수가 아니라, 크리슈나가 아니라, 당신이 선택되었다.

당신이 더 많이 필요할 것이다. 그 때문이다. 이제 당신이 더욱 적합하다. 붓다나 예수, 크리슈나의 할 일은 끝났다. 그들은 자신의 향기를 존재에 불어넣었다. 이제는 당신이 자신의 향기를 불어넣어야 한다.

하지만 도덕주의자, 청교도, 성직자들은 계속해서 당신을 가르치고 있으며 당신을 미치게 만들고 있다. 그들은 장미에게 말한다. "연꽃이 되어라." 그리고 연꽃에게 말한다. "여기에서 지금 뭐 하고 있지? 너는 다른 것이 되어야 해." 그들은 정원 전체를 미치게 만들고 있으며, 그래서 모든 것이 죽어 가기 시작한다. 왜냐하면 아무도 다른 누군가가 될 수 없기 때문이다. 그것은 불가능하다.

이것이 인류에게 일어난 일이다. 모두들 가장하고 있다. 진짜가 실종되었고, 진실이 실종되었다. 모두들 자신이 다른 누군가인 것처럼 가장하고 있다. 당신 자신을 보라. 당신은 다른 누군가인 것처럼 가장하고 있다. 그런데 당신은 오로지 자기 자신만 될 수 있다. 다른 길은 없다. 당신은 다른 누구인 적도 없었고, 다른 누구일 수도 없다. 당신은 자기 자신으로 남을 것이다. 당신은 자기를 즐기며 꽃피어날 수 있다. 혹은 시들어 버릴 수도 있다. 만약 당신이 자기를 수용하지 않고 비난한다면……

29

감사

고통과 즐거움을 차별하지 않고 선택하지 않고 둘 모두에게 감사를 느낄 수 있는, 주어지는 모든 것에 대해 그저 감사를 느낄 수 있는 순간…… 왜냐하면 만약 그것이 신에 의해 주어진다면, 거기에는 반드시 어떤 이유가 있을 테니. 우리는 그것을 좋아할 수도 있고 좋아하지 않을 수도 있지만, 그것은 우리의 성장에 필요한 것임에 틀림없다. 겨울과 여름이 모두 성장을 위해 필요하듯이. 이러한 생각이 가슴속에 한번 자리 잡으면, 삶의 매 순간이 감사할 것이다.

이것이 당신의 명상이며 기도이게 하라. 매 순간 신에게 감사하라. 웃음에 대해, 눈물에 대해, 모든 것에 대해. 그러면 예전에 몰랐던 고요함이 가슴속에서 솟아날 것이다. 그것은 더없는 행복이다.

감사

머물 곳이 없는 님

무엇보다도 먼저 삶을 있는 그대로 받아들여야 한다. 삶을 받아들이면 욕망이 사라진다. 삶을 있는 그대로 받아들이면, 긴장이 사라지고 불만족이 사라진다. 삶을 있는 그대로 받아들이는 사람은 더없는 기쁨을 느끼기 시작한다, 아무런 이유도 없이! 기쁨이 이유를 가질 때, 그것은 오래 지속될 수 없다. 기쁨이 아무런 이유도 가지지 않을 때, 기쁨은 영원히 그 자리에 있을 것이다.

선불교의 유명한 비구니에게 일어난 일이다. 그녀의 이름은 렌게츠였다. 궁극의 선(禪)에 도달한 여성은 매우 드물었다. 이 비구니는 그처럼 드문 여성 가운데 한 명이었다.

그녀는 순례를 가던 중 해가 질 무렵 어느 마을에 도착했다. 하룻밤 머물게 해 달라고 마을 사람들에게 부탁했지만, 그들은 하나같이 쾅 하고 문을 닫을 뿐이었다. 그들은 선불교에 반대하는 사람들이었다. 선불교는 너무나 혁명적이고 반체제적이어서 받아들이기가 몹시 어렵다. 그것을 받아들인다면 당신은 변화될 것이다. 그것을 받아들인다면, 당신은 불을 통과할 것이며, 결코 예전과 같지 않을 것이다. 전통적인 사람들은 종교에 진실한 모든 것을 언제나 반대해 왔다. 전통은 종교에서 진실하지 않은 모든 것이다. 그러므로 마을 사람들은 전통적인 불교도들이었을 것이다. 그들은 그녀가 마을에 머무르는 것을 허용하지 않았고, 그녀를 내쫓았다.

추운 밤이었다. 이 늙은 여인은 머물 곳이 없었고 굶주려 있었다. 그녀는 들판에 있는 벚나무 아래에 묵어야만 했다. 하지만 너무나 추워서 잠을 이룰 수도 없었다. 야생 동물들 때문에 위험하기도 했다. 한밤중에 그녀는 추위를 이기지 못해 눈을 떴다. 그리고 밤하늘을 바라보았다. 활짝 핀 벚꽃들이 희미한 달을 향해 웃고 있는 것을 보았다. 그 아름다움에 감동한 그녀는 일어나서 마을을 향해 절을 했다. 그리고 이 노래를 읊었다.

내 머물 거처를 거절한
그들의 친절함 덕분에
이 희미한 달밤,

나는 활짝 핀 꽃들 아래 있네.

그녀는 감사를 느낀다. 크게 감사하며 그녀는 머물 곳을 건설한 사람들에게 감사한다. 그렇지 않다면 그녀는 평범한 지붕 아래에서 잠자고 있었을 것이며, 이 축복을 놓쳤을 것이다. 이 만개한 벚꽃들, 그리고 희미한 달과의 속삭임, 밤의 이 고요, 밤의 이 완전한 고요를……. 그녀는 화를 내지 않는다. 그녀는 그것을 받아들인다. 받아들일 뿐 아니라 환영한다. 감사를 느낀다.

삶이 가져오는 모든 것을 감사로 받아들이는 순간, 그는 붓다가 된다.

결코 죽지 않는 것

기억하라, 매 순간, 당신이 모으고 있는 것, 그것이 죽음에 의해 없어질 것들
인가? 그러면 그것은 수고할 가치가 없는 것이다. 만약 그것이 죽음에 의해
없어지는 것이 아니라면, 그것을 위해서 생명조차 희생할 수 있다. 언젠가는
생명도 사라질 것이므로. 생명이 사라지기 전에, 죽지 않는 그 무엇을 찾기 위
해 기회를 잘 사용하라.

결코 죽지 않는 것

비탄에 잠긴 엄마와 겨자씨

한 여자의 남편이 죽었다. 그녀는 젊었고 어린 아들이 하나 있었다. 그녀는 남편을 화장하는 불길 속으로 뛰어들어 함께 죽고 싶었지만, 어린 아들 때문에 차마 그럴 수가 없었다. 어린 아들을 위해 살아야만 했다.

그러나 그 뒤 어린 아들까지 죽었다. 너무나 가혹했다. 그녀는 넋이 나간 사람처럼 사람들에게 묻고 다녔다. "내 아이를 다시 살릴 수 있는 의사가 어디 없나요? 오로지 이 아이 때문에 살고 있었는데, 이제 내 삶은 온통 어둠뿐이에요."

마침 그때 붓다가 그 마을로 오고 있었다. 그래서 사람들은 말했다. "아이를 붓다께 데리고 가 보세요. 이 아이만을 위해 살아왔는데 아이가 죽어 버렸다고 말하세요. 그리고 '당신은 큰 깨달음을 얻은 분이니 아이를 다시 살려 주세요, 저에게 자비를 베풀어 주세요!'라고 부탁해 보세요."

그녀는 붓다에게 갔다. 아이의 시신을 붓다의 발아래에 내려놓고 말했다. "이 아이를 다시 살려 주세요. 당신은 삶의 모든 비밀을 알고 있고, 존재의 궁극에 도달하셨습니다. 이 불쌍한 여자를 위해서 작은 기적 하나 행하실 수 없습니까?"

붓다는 대답했다. "그렇게 하겠다. 하지만 조건이 하나 있다."

그녀가 말했다. "뭐든지 말씀만 하세요. 다 하겠습니다."

붓다가 말했다. "마을을 돌아다니면서, 죽은 사람이 아무도 없는 집에서 겨자 씨앗을 몇 개 받아 오라. 그것이 나의 조건이다."

그녀는 왜 이런 일을 시키는지 알 수 없었다. 그녀가 어느 집에 들어갔을 때 그 집 식구들이 말했다. "겨자씨 몇 개라고요? 붓다께서 당신의 아들을 다시 살려낼 수 있다면 겨자씨를 몇 수레라도 줄 수 있소. 하지만 우리 집에는 돌아가신 분이 여럿이라오." 그녀는 그 작은 마을을 돌며 집집마다 찾아다녔다. 모두들 씨앗을 준비하고 있었다. "씨앗이 얼마나 필요한가요?" 하지만 조건은 불가능한 것이었다. 죽은 사람이 없는 집이 없었기 때문이다.

저녁 무렵이 되어서야 그녀는 태어난 사람은 누구든지 죽는다는 사실을 이해하게 되었다. 그렇다면 아이를 다시 살린들 무슨 소용이 있겠는가? "그 아이는 다시 죽을 것이다. 스스로 영원을 찾는 것이 더 나을 것이다. 영원은 태어나지도 죽지도 않으니까." 그녀는 빈손으로 돌아왔다. 붓다가 물었다. "겨자씨는 어디 있느냐?"

그녀는 웃었다. 아침에는 울면서 왔지만, 이제는 웃었다. 그리고 말했다. "당신은 저를 속이셨습니다! 태어난 사람은 모두 죽을 것입니다. 이 세상 어디에도 아무도 죽은 사람이 없는 가정은 없습니다. 그래서 저는 아들이 살기를 원치 않습니다. 무슨 소용이겠습니까? 아이에 대해서는 잊어버리시고, 저에게 명상을 가르쳐 주세요. 제가 불멸의 공간, 탄생과 죽음이 없는 그 땅으로 들어갈 수 있게 해 주세요."

문제를 뿌리부터 잘라 버리는 것, 이것을 나는 진정한 기적이라고 부른다.

초여함

주변에서 무슨 일이 일어나든지 항상 똑같은, 당신 안의 어떤 것을 계속해서 느껴라. 누군가가 당신을 욕할 때, 그의 말을 그냥 듣고만 있는, 아무것도 하지 않고 반응하지도 않고 그냥 듣고만 있는, 당신 내면의 지점에 초점을 맞추어라. 그는 당신을 욕하고 있다. 다음에는 누군가가 당신을 칭찬하고 있다. 그냥 들어라. 욕설-칭찬, 명예-모욕을 그냥 듣기만 하라. 당신의 주변이 소란스러워질 것이다. 그 또한 지켜보라, 변화시키려 하지 말라. 그냥 지켜보라. 당신 중심의 깊은 곳에서 지켜보며 그곳에 머물러라. 힘들지 않고 즉각적이며 자연스러운 초연함을 갖게 될 것이다. 그리고 한번 자연스러운 초연함을 느끼게 된다면, 어떠한 것도 당신을 방해할 수 없다.

초연함

하쿠인과 사생아기

위대한 선사인 하쿠인 스님이 살고 있는 마을에서 한 처녀가 임신을 했다. 그녀의 아버지는 뱃속의 아기가 누구의 아기인지 대라며 윽박질렀고, 견디다 못한 그녀는 아버지의 처벌을 피하기 위해 하쿠인이라고 대답했다.

그녀의 아버지는 더 이상 말하지 않았다. 하지만 때가 되어 아기가 태어나자, 곧바로 그는 아기를 들고 하쿠인에게 가서 던지듯이 내려놓았다. "이 아기가 당신의 아이인가 보구려."라고 말했다. 그리고 불륜을 저지른 데 대해 하쿠인을 경멸의 눈초리로 쏘아 보며 온갖 욕설을 퍼부었다.

하쿠인은 "그렇습니까?"라고 말하고 아기를 안았다. 이후, 그는 어디를 가든지 아기를 누더기 승복의 소매에 감싼 채 데리고 다녔다. 비가 내리는 날이나 폭풍우가 몰아치는 밤에도 그는 이웃집에 젖동냥을 다녔다. 많은 제자들이 그가 타락했다고 여겨 등 돌리고 떠났다. 그러나 하쿠인은 아무 말도 하지 않았다.

그 사이에 아기의 엄마는 아기와 떨어져 있는 고통을 견딜 수 없게 되었다. 그래서 실제 아기 아버지의 이름을 고백했다. 그녀의 아버지는 하쿠인에게 달려가서 엎드려 용서를 빌었다.

하쿠인은 "그렇습니까?"라고 한 뒤 아기를 돌려주었다.

보통 사람에게는 다른 사람들이 하는 말이 대단히 중요하다. 왜냐하면 그에게는 자신의 것이 아무것도 없기 때문이다. 그가 자신을 어떤 사람이라고 생각하든지, 그것들은 단지 다른 사람들의 평가를 수집한 것에 불과하다. 어떤 사람은 "당신은 아름답군요."라고 말했고, 또 어떤 사람은 "당신은 영리하군요."라고 말했다. 그는 이런 평가들을 모아 왔다. 그래서 그는 항상 두려워한다. 그는 자신에 대한 평판이나 존경을 잃을 행동을 해서는 안 된다. 항상 대중의 의견을 두려워하고, 사람들이 어떻게 말할지를 두려워한다. 왜냐하면 그가 자신에 관해 알고 있는 모든 것은 다른 사람들이 그에 관해 말했던 것뿐이기 때문이다. 만약 사람들이 그것을 되가져 간다면, 그는 알몸인 채로 남을 것이다. 그러고 나면 그는 자신이 누구인지, 추한지, 아름다운지, 영리한지, 그렇지 않은지에 관해서 알지 못한다. 그는 자신의 존재를 희미하게도 알지 못한다. 그는 다른 사람들에게 의존한다.

　그러니 명상하는 사람은 다른 사람들의 의견을 필요로 하지 않는다. 그는 자기 자신을 안다. 그래서 다른 사람들이 하는 이야기는 문제가 되지 않는다. 설령 세상 전체가 그의 경험과 반대되는 것을 말한다 할지라도, 그는 웃기만 할 것이다. 그것이 유일한 반응일 수 있다. 하지만 그는 사람들의 견해를 바꾸려는 어떠한 시도도 하지 않을 것이다. 그들이 누구인가? 그들은 자기 자신도 모르면서 그에게 꼬리표를 붙이려 하고 있다. 그는 꼬리표 붙이기를 거부할 것이다. 단지 이렇게만 말할 것이다. "내가 무엇이든 간에, 나는 나입니다. 이것이 내가 존재하는 방식입니다."

32

가족을 넘어

당신은 굉장한 지성의 가능성을 가지고 태어났다. 당신은 내면의 빛을 가지고 태어났다. 내면의 고요하며 작은 목소리에 귀를 기울여라. 그러면 그 목소리가 당신을 인도할 것이다. 다른 누구도 당신을 안내할 수 없으며, 다른 누구도 당신의 삶을 위한 모델이 될 수 없다. 당신은 독특하기 때문이다. 당신과 똑같았던 사람은 아무도 없었고, 앞으로 당신과 똑같을 사람도 아무도 없을 것이다. 당신은 결코 다른 누군가로 대체될 수 없으며, 당신은 자기 자신일 뿐 다른 누구도 아니다. 이것이 당신의 영광이며 위대함이다.

가족을 넘어

"아무도 나의 어머니가 아닙니다."

예수가 어렸을 때, 아버지와 어머니는 매년 열리는 축제에 참석하기 위해 그를 데리고 큰 사원에 갔다. 군중 속에서 휩쓸리다 예수를 잃어버린 그의 부모는 저녁때가 되어서야 그를 찾을 수 있었다. 어린아이에 불과한 그가 학자들과 함께 앉아서 토론을 하고 있었다. 아버지가 물었다. "애야, 여기서 뭘 하고 있니? 우리는 너를 무척 걱정하고 있었단다."

예수가 대답했다. "걱정하지 마세요. 저는 제 아버지의 일을 돌보고 있었어요."

아버지가 말했다. "내가 너의 아버지잖니. 그런데 네가 여기서 무슨 일을 돌보고 있었다는 것이냐? 나는 목수이지 않느냐."

예수는 말했다. "나의 아버지는 천국에 계십니다. 당신은 나의 아버지가 아닙니다."

아기가 어머니의 몸을 떠나야 하며 그렇지 않으면 죽는 것처럼, 정신적으로도 똑같은 일이 일어난다. 그는 자궁 밖으로 나와야 한다. 어느 날 그는 아버지와 어머니의 자궁 밖으로 나와야만 한다. 육체적으로뿐만 아니라 정신적으로도, 정신적으로뿐만 아니라 영적으로도. 영적인 아기가 태어날 때, 그 아기는 과거와 완전히 분리되고 처음으로 온전한 자기 자신이 된다. 독립된 실재로, 자신의 두 발로 서 있게 된다. 이전에 그는 어머니나 아버지 혹은 가족의 일부였을 뿐, 결코 자기 자신이 아니었다.

당신이 무엇을 하고 있든지, 무엇을 생각하고 있든지, 무엇을 결정하고 있든지, 살펴보라. 당신이 그렇게 하고 있는가, 아니면 다른 누군가가 그렇게 말하고 있는가? 만약 그것이 실제로는 누구의 목소리인지를 발견하면, 당신은 놀라게 될 것이다. 아마도 그것은 어머니의 말일 것이다. 당신은 어머니가 말하는 것을 다시 들을 것이다. 아마도 그것은 아버지의 말일 것이다. 그것을 알아보는 것은 전혀 어렵지 않다. 그 말들은 당신에게 처음으로 주어졌던 그대로 내면에 정확히 녹음되어 거기에 남아 있다. 그 말들은 충고나 지시, 훈계, 명령이었다.

그 밖에도 목사, 교사, 친구, 이웃, 친척 등 많은 사람들의 목소리를 발견하게 될지도 모른다. 그것들과 싸울 필요는 없다. 그 목소리가 당신의 목소리가 아니라 다른 사람의 목소리라는 것을 알기만 하면, 그가 누구든지 다른 사람의 목소리라는 것을 알기만 하면, 당신은 그 목소리를 따를 필요가 없다는 것을 알게 된다. 그 결과가 무엇이든 이제 당신은 스스로 나아가기로 결정할 것이며, 성장하기로 결정할 것이다. 그동안 충분히 어린아이로 머물러 있었다. 그동안 충분히 의존적인 사람으로 머물러 있었다. 그동안 충분히 이 모든 목소리들을 듣고 따랐다. 그런데 그 목소리들은 당신을 어디로 데려갔는가? 바로 혼란 속으로 데려갔다.

그러므로 일단 그것이 누구의 목소리인지 알아냈다면, 그것에 작별 인사를 하라. 그 목소리를 당신에게 전해 준 사람은 당신의 적이 아니었기 때문이다. 그의 의도는 나쁘지 않았지만, 이것은 그 의도와는 상관없는 문제다. 문제는 그가 당신의 내적 근원에서 나오는 것이 아닌 다른 어떤 것을 당신에게 부과했다는 것이다. 그런데 외부에서 오는 것은 당신을 심리적인 노예로 만들어 버린다. 당신을 꽃피우고 자유롭게 하는 것은 자신의 목소리밖에 없다.

33

새로워짐

과거도 없고 미래도 없을 때, 오로지 그때 평화가 있다. 미래는 열망, 성취, 목표, 야망, 욕망을 의미한다. 당신은 지금 여기에 있지 못하고, 언제나 어떤 것, 다른 어떤 곳을 향해 달려가고 있다. 현재에 완전히 현존해야만 평화가 있다. 그 현존으로부터 삶이 새로워진다. 삶은 오직 하나의 때만을 알고 있기 때문이다. 그 때는 현재다. 과거는 죽음이다. 미래는 죽어 버린 과거의 투사일 뿐이다. 미래에 관해 무엇을 생각할 수 있는가? 당신은 과거에 관해 생각한다. 당신이 아는 것은 과거이며, 그 과거를 미래로 투사한다. 물론 더 나은 방식으로……. 그것은 과거보다 더 아름답고 멋지게 장식된 미래다. 모든 아픔은 배제되고 즐거운 것들만 선택된다. 그러나 그것은 과거다. 과거는 없으며, 미래도 없다. 오직 현재만이 존재한다. 현재에 존재하는 것은 살아 있는 것이며 최고의 것이다. 그리고 그것은 새로워짐이다.

새로워짐

붓다의 유산

고타마 붓다가 진리를 찾아 궁전을 떠나기 전날, 그의 아내는 아기를 낳았다. 그것은 참으로 인간적인 이야기다. 너무나 아름다운 이야기. 궁전을 떠나기 직전, 그는 아내와의 사랑의 상징인 그 아기의 얼굴을 한 번이라도 보고 싶었다. 그래서 아내의 침실로 갔다. 그녀는 잠들어 있었고, 아기는 담요에 싸여 있었다. 그는 담요를 벗기고 아기의 얼굴을 보려고 했다. 다시는 돌아올 수 없을지도 모를 테니.

이제 미지의 순례를 떠날 참이었다. 그는 깨달음을 위해 자신의 모든 것을 걸었다. 왕국, 아내, 자식, 그리고 자기 자신까지도. 그가 들은 말이라고는 깨달음을 추구했던 사람 가운데 극소수의 사람에게 그런 일이 일어났다는 것뿐이었다. 그는 당신과 마찬가지로 자신에게 그런 일이 일어날지 확신할 수가 없었다. 하지만 결정의 순간이 왔다. 그는 떠나기로 결심했다. 그러나 인간의 마음이란, 인간의 본성이란……. 그는 보고 싶었다. 아직 본 적이 없는 자기 아들의 얼굴을 한 번만이라도 보고 싶었다. 하지만 그는 혹시 아기의 담요를 벗길 때, 아내 야소다라가 잠에서 깨어 "한밤중에 여기에서 무얼 하고 계시나요? 어디론가 떠나시려는 것 같군요."라고 말할까 봐 두려웠다.

막 떠나려 하다가 그는 마부에게 말했다. "잠시만 기다려라. 아기의 얼굴을 보고 오겠다. 다시 돌아오지 못할 수도 있으니." 하지만 그는 볼 수 없었다. 혹시 야소다라가 잠에서 깨어 울며 "어디로 가시나요? 뭘 하는 건가요? 왜 출가를 하려는 거죠? 깨달음이 뭐길래?"라고 물을까 봐 두려웠기 때문이다. 그녀가 어떻게 나올지는 알 수가 없다. 그녀는 궁전에 있는 모든 사람을 깨울지도 모른다! 그의 아버지가 와서 모든 것을 수포로 만들지도 모른다. 그래서 그는 그냥 떠났다.

12년 후 그가 깨닫고 나서 맨 먼저 한 일은 궁전으로 돌아가서 아버지와 아내, 12살이 되었을 아들에게 사과하는 것이었다. 그는 가족들이 화가 났을 것이라는 점을 알고 있었다. 먼저 아버지를 만났다. 아버지는 매우 화가 나 있었고 삼십 분가량 붓다에게 험한 말을 퍼부었다. 그러다가 갑자기, 자신이 수많은 말들로 분노를 쏟아 냈음에도 아들이 마치 아무런 영향을 받지 않는 듯 대리석 조각처럼 가만히 서 있는 것을 알아차렸다. 아버지는 그를 바라보았다. 그러자 고타마 붓다가 말했다. "이것이 제가 원했던 바입니다. 눈물을 거두십시오. 그리고 저를 보세요. 저는 궁전을 떠났을 때의 소년과 같은 사람이 아닙니다. 아버지의 아들은 오래 전에 죽었습니다. 저는 당신의 아들과 비슷해 보이지만, 저의 모든 의식은 전혀 다릅니다. 보십시오."

아버지가 말했다. "그렇게 보이는구나. 나는 삼십 분 동안 너에게 험한 말을 퍼부었다. 네가 변했다는 증거는 그것으로 충분하다. 예전의 너였다면 가만히 참고 있지 못했을 것이다. 무슨 일이 있었던 것이냐?"

붓다가 말했다. "나중에 말씀드리겠습니다. 먼저 아내와 아이를 만나게 해 주십시오. 제가 왔다는 얘기를 들었을 테니 기다리고 있을 것입니다."

아내가 그에게 가장 먼저 한 말은 다음과 같았다. "당신은 변했군요. 지난 12년은 나에게 커다란 고통이었어요. 당신이 떠났기 때문이 아니에요. 나에게 말하지 않고 떠났기에 힘들었어요. 진리를 찾으러 떠난다고 말하면, 내가 막을 것이라고 생각했나요? 당신은 나를 정말 욕되게 했어요. 이 상처는 12년 동안 계속되었어요. 나도 당신처럼 무사 계급에 속해 있어요. 당신은 내가 울고 소리치며 당신의 길을 막을 만큼 나약한 사람으로 생각했나요?

지난 12년 동안 나를 고통스럽게 한 것은 오로지 당신이 나를 믿지 못했다는 점이에요. 나는 당신의 출가에 동의하고 마차 곁으로 와서 당신을 배웅했을 거예요. 먼저 지난 12년 동안 마음속에 계속 맴돌았던 한 가지 질문을 하고 싶어요. 당신이 얻은 것이 무엇이든지 간에……. 그런데 당신은 분명 무엇인가를 얻은 것 같군요.

당신은 이제 이 궁전을 떠날 때의 사람이 아니군요. 당신은 다른 빛을 뿜어내고 있고, 당신의 존재감은 완전히 새롭고 신선하며, 당신의 눈은 구름 한 점 없는 하늘처럼 순수하고 맑아요. 몹시 아름다워졌어요. 전에도 늘 아름다웠지만, 지금의 아름다움은 이 세상의 것이 아닌 것 같아요. 하늘에서 어떤 은총이 당신에게 내려온 것 같아요. 내 질문은 이거예요. 당신이 무엇을 얻었든지 간에, 여기 이 궁전에서는 그것을 얻을 수 없었나요? 궁전이 진리를 가로막을 수 있나요?"

참으로 현명한 질문이어서 고타마 붓다는 동의하지 않을 수 없었다. "나는 그것을 여기서도 얻을 수 있었겠지만, 그때는 알지 못했다오. 이제는 말할 수 있다오, 그것을 여기 이 궁전에서도 얻을 수 있다고……. 산으로 갈 필요도 없고, 다른 어디로도 갈 필요가 없소. 내면으로 들어가면 되니, 깨달음은 어디에서든 일어날 수 있는 것이오. 이 궁전은 다른 어느 곳만큼이나 좋소. 하지만 그때는 그렇다는 것을 알지 못했다오.

그러니 나를 용서해 주시오. 왜냐하면 내가 믿지 못했던 것은 당신이나 당신의 용기가 아니라, 바로 나 자신이었기 때문이오. 만약 내가 잠에서 깬 당신과 아기를 보았더라면, 나는 나 자신을 의심했을 것이오, '지금 내가 무엇을 하고 있는 거지? 나에게 온 사랑을 쏟고 날 위해 온전히 헌신하는 아름다운 아내를 떠나다니. 이제 태어난 지 하루밖에 안 되는 내 아기를 떠나다니. 아기를 떠날 거라면 왜 이 아기를 태어나게 했단 말인가? 나는 내 책임으로부터 도망치고 있는 것인가?

만약 내 늙으신 아버지가 잠에서 깨셨더라면, 나는 떠날 수 없었을 것이오. 내가 믿지 못한 건 당신이 아니라, 사실은 나 자신이었소. 나는 흔들리고 있었다오. 흔쾌히 출가한 게 아니라오. 나의 일부는 계속 말하고 있었소. '지금 무엇을 하고 있는가?' 그리고 나의 다른 일부는 말하고 있었소. '지금이 실행할 때야. 지금 그것을 하지 않는다면 점점 더 어려워질 거야. 아버지는 왕위를 물려주려 하신다. 왕위를 물려받고 나면 더욱 어려워질 것이다.'"

야소다라가 말했다. "그것이 내가 묻고 싶었던 유일한 질문이에요. 여기서뿐만 아니라 어느 곳에서도 그것을 얻을 수 있다고 진실하게 말해 주시니 정말 기뻐요. 저기 서 있는 당신의 열두 살 된 어린 아들이 당신에 관해서 계속 물어보았답니다. 그럴 때마다 나는 아이에게 말했지요. '조금만 기다리렴. 아버지는 돌아오신다. 그분은 그렇게 잔인하거나 몰인정하거나 냉혹한 분일 리가 없단다. 언젠가 돌아오신다. 아마 뭔가를 깨닫는 데 시간이 걸리나 보다. 그것을 깨닫고 나면, 제일 먼저 이리로 돌아오실 것이다.'

여기 당신 아들이 있어요. 아들에게 어떤 유산을 남겨 주실 건가요? 그 아이에게 무엇을 주실 건가요? 당신은 그 아이에게 생명을 주었어요. 이제는 무엇을 줄 건가요?"

붓다는 동냥 그릇밖에 가진 것이 없었다. 그는 아들 라울을 불렀다. 아들을 가까이 오게 한 뒤 그에게 동냥 그릇을 주었다. 그리고 말했다. "나는 아무것도 가진 게 없다. 이것은 내 유일한 소지품이다. 이제부터 음식을 동냥하기 위해 동냥 그릇 대신에 손을 사용해야겠구나. 이 동냥 그릇을 너에게 주는 것으로 너를 산야스로 입문시킨다. 그것이 내가 찾은 유일한 보물이다. 너도 그것을 찾기를 바란다."

그는 야소다라에게 말했다. "나의 수행자 공동체에 참여하는 것이 좋겠소.” 그리고 아내를 입문시켰다. 모든 광경을 지켜본 늙은 아버지가 말했다. “나는 왜 빼 놓느냐? 네가 발견한 것을 늙은 아버지와 나누고 싶지 않은 것이냐? 나는 죽음을 앞두고 있다. 너도 입문시켜 주려무나.”

붓다가 말했다. “저는 사실 모든 분을 데려가기 위해 여기에 왔습니다. 제가 발견한 것은 훨씬 더 큰 왕국이기 때문입니다. 그 왕국은 영원히 지속되며, 적에게 정복당할 수도 없는 곳입니다. 저는 여러분이 저의 현존을 느끼고 저의 깨달음을 느끼도록 하기 위해, 그리하여 저와 함께 가는 여행자가 되도록 설득하기 위해 여기에 온 것입니다.”

34

화

다음에 화가 나거든, 집 주위를 몇 번 달려 보라. 그리고 나무 밑에 앉아서 화가 사라진 곳을 지켜보라. 당신은 화를 억누르지 않았고, 통제하지 않았으며, 다른 사람에게 던지지도 않았다.

화는 마음의 구토일 뿐이다. 그것을 다른 사람에게 던질 필요가 없다. 손과 이빨이 편안히 이완될 때까지 베개를 두들겨 패거나 간단한 조깅을 해 보라.

변화되고 나면 당신은 결코 통제하지 않으며 그저 알아차릴 뿐이다. 화가 일어나고 있다. 그것은 아름다운 현상이며, 마치 구름 속에서 발생하는 전류와 같다.

화

다스려지지 않는 화를 가진 승려

한 수행승이 반케이 선사를 찾아와서 말했다. "스승님, 저는 제 화를 다스릴 수가 없습니다. 어떻게 하면 고칠 수 있겠습니까?" 그러자 반케이가 대답했다. "그 화를 내게 보여 주게." 수행승이 말했다. "재미있는 말씀이군요. 지금은 화가 없어서 보여 드릴 수가 없습니다."

반케이가 말했다. "좋다, 그렇다면 나중에 화가 나거든 내게 가져오라." 그러자 제자가 이의를 제기했다. "화는 예기치 않게 일어납니다. 따라서 제가 스승님께 가져오기 전에 분명히 없어질 것입니다."

이 말을 듣고 반케이가 말했다. "그렇다면 그것은 네 본성의 일부일 수가 없다. 그것이 네 본성의 일부라면, 너는 언제든지 그것을 보여 줄 수 있을 것이다. 네가 태어날 때 그것을 가지고 있지 않았다면, 그것은 분명히 바깥에서 온 것이다. 그러니 화가 네게 들어올 때마다 그 화기 견디지 못하고 도망칠 때까지 몽둥이로 너 자신을 두들겨 패는 것이 좋겠다.”

심지어 화가 일어나고 있는 중이라도 만약 당신이 어느 순간 그 화를 의식하면, 화는 가라앉는다. 한번 해 보라! 매우 화가 나서 살인의 충동을 느낄 때, 그 와중에 어느 순간 그것을 알아차리게 되면, 당신은 무엇인가 변화되었다는 것을 느낄 것이다. 내면의 기어가 작동하여 제동되는 것을 느낄 것이다. 내면의 존재가 편안히 이완된다. 당신의 외부 층이 이완되는 데는 시간이 걸릴 수도 있지만, 내면의 존재는 이미 이완되었다. 협력 관계가 깨뜨려졌다. 이제 당신은 그 화와 동일시하지 않는다.

신체의 열이 식는 데는 조금 시간이 걸리겠지만, 중심의 깊은 곳에서는 모든 것이 서늘하다.

필요한 것은 비난이 아니라 알아차림이다. 그러면 그 알아차림을 통해 즉각 변화가 일어난다. 만약 당신이 화를 알아차린다면, 이해가 꿰뚫을 것이다. 그저 지켜보라. 판단하지 않고, 좋다 나쁘다 말하지 말고. 단지 내면의 하늘을 지켜보라. 번개, 화가 있다. 당신은 뜨거움을 느끼고, 온 신경계가 흔들리고 부들부들 떨리는 것을 느끼며, 몸 전체에서 진동을 느낀다. 아름다운 순간이다. 왜냐하면 에너지가 기능할 때 당신은 그것을 쉽게 지켜볼 수 있으며, 에너지가 기능하지 않을 때 당신은 그것을 지켜볼 수 없기 때문이다.

눈을 감고 그것에 대해 명상하라. 싸우지 말라, 단지 일어나고 있는 일을 지켜보라. 온 하늘이 전류로 가득 차 있다. 번개들이 많이 치고 있다. 너무나 아름답다. 그냥 바닥에 누워서 하늘을 바라보라. 지켜보라. 내면에서도 이와 똑같이 행하라.

누군가가 당신을 모욕하고, 비웃고, 이런저런 비난을 퍼부을 때, 내면의 하늘에는 먹구름이 잔뜩 끼고 번개가 친다. 지켜보라! 그것은 아름다운 광경이다. 하지만 동시에 그것을 이해하지 못한다면 끔찍할 것이다. 그것은 신비롭다. 그런데 만약 그 신비가 이해되지 않는다면, 그것은 끔찍한 것으로 변할 것이며, 당신은 그것을 두려워할 것이다. 언제나 어떤 신비가 이해된다면, 그것은 은총과 선물로 변한다. 왜냐하면 이제 당신은 열쇠를 가지고 있기 때문이다. 열쇠를 가지면 당신은 주인이다.

35

기분을 다스림

"나는 마음이다."라고 생각하는 것은 알아차리지 못함이다. 마음은 몸과 마찬가지로 기계 장치에 불과하다는 것을 아는 것은 곧 마음이 분리되어 있다는 것을 아는 것이다. 밤이 가고 아침이 온다. 당신은 밤과 동일시하지 않는다. 당신은 "나는 밤이다."라고 말하지 않는다. 당신은 "나는 아침이다."라고 말하지 않는다. 밤이 오고, 아침이 오고, 낮이 오고, 다시 밤이 온다. 바퀴는 계속 구르지만, 당신은 자신이 이런 것들이 아님을 알아차리고 있다. 마음에 대해서도 마찬가지다. 화가 온다, 하지만 당신은 잊는다. 당신은 화가 된다. 탐욕이 오고, 당신은 잊는다. 당신은 탐욕이 된다. 미움이 오고, 당신은 잊는다. 당신은 미움이 된다. 이것은 알아차리지 못함이다.

알아차림은 마음이 탐욕으로 가득 차고, 화로 가득 차고, 미움이나 욕정으로 가득 차는 것을 지켜보고 있다. 당신은 그저 지켜보는 자일 뿐이다. 그러면 당신은 탐욕이 올라오고, 크고 어두운 구름이 되며, 다음에는 흩어지는 것을 볼 수 있다. 당신은 접촉되지 않은 채 그대로 있다. 그것이 얼마나 오랫동안 지속될 수 있겠는가? 당신의 화는 일시적이다. 당신의 욕정은 일시적이다. 그냥 조금만 지켜보면 당신은 놀라게 될 것이다. 그것은 오고 간다. 그리고 당신은 영향 받지 않은 채 서늘하고 고요하게 그대로 남아 있다.

기분을 다스림

빈지의 비밀

가장 기본적으로 기억해야 할 점이 있다. 그것은 기분이 좋을 때나 황홀한 기분을 느낄 때 그것이 영원한 상태가 될 것이라는 생각을 하지 않는 것이다. 최대한 즐겁고 기쁘게 그 순간을 살되, 그것은 왔다가 가는 것이라는 점을 완전히 알아야 한다. 마치 산들바람이 온갖 향기와 신선함을 지닌 채 집 안으로 들어왔다가 다른 문을 통해서 나가듯이.

이것은 가장 근본적인 것이다. 만약 당신이 황홀한 순간들을 영원한 것으로 만들려고 생각하기 시작한다면, 당신은 이미 그것들을 망치기 시작했다. 그것들이 올 때 감사하라. 그들이 떠날 때, 존재에 감사하라. 열린 채로 있으라. 그런 일이 많이 일어날 것이다. 판단하지 말라. 선택하지 말라. 선택권 없이 그대로 있으라.

그렇다. 비참해지는 순간들도 있을 것이다. 그래서 어떻다는 말인가? 비참하게 살면서 황홀한 순간을 한 번도 느껴 보지 못한 사람들도 있다. 당신은 운이 좋은 사람이다. 비참한 상태에 있을 때에도, 그 비참함이 영원히 지속되지 않는다는 것을 기억하라. 그것 또한 지나갈 것이다. 그러므로 너무 괴로워하지 말라. 편안히 있으라. 낮과 밤처럼, 기쁜 순간들도 있고 슬픈 순간들도 있다. 그것들을 자연의 이원성의 일부로 받아들여라. 모든 것은 그런 방식으로 존재한다.

당신은 그저 지켜보는 자로 있다. 행복해지지도 않으며 불행해지지도 않는다. 행복이 오고 가며, 불행도 오고 간다. 한 가지는 언제나 그 자리에 남아 있다. 언제나, 언제나 그대로 있다. 그것은 지켜보는 자, 목격하는 자이다. 서서히, 서서히, 그 지켜보는 자 안에 더욱더 자리를 잡아라. 낮이 올 것이며, 밤이 올 것이다. 생명이 올 것이며, 죽음이 올 것이다. 성공이 올 것이며, 실패가 올 것이다. 하지만 만약 당신이 지켜보는 자 안에 자리 잡는다면, 모든 것은 지나가는 현상이 된다. 그 지켜보는 자가 당신 내면의 유일한 실재이기 때문이다.

잠시만 내가 말하고 있는 것을 느껴 보라. 그냥 지켜보는 자로 있으라. 아름답다고 해서 그 순간에 집착하지 말고, 불행하다고 해서 그 순간을 밀어내려 하지 말라. 그런 행동은 그만두라. 당신은 평생을 그렇게 살아왔다. 당신은 여태 성공한 적이 없었고, 앞으로도 결코 성공하지 못할 것이나.

초월하는, 초월한 채로 남아 있는 유일한 길은 동일시하지 않으면서 이 모든 변하는 현상을 지켜볼 수 있는 자리를 발견하는 것이다.

옛날 수피 이야기를 들려주겠다.

한 왕이 궁정의 현명한 사람들에게 물었다. "나는 나 자신을 위해 매우 아름다운 반지를 만들고 있다. 나는 최고의 다이아몬드를 얻었다. 그런데 절망의 순간에 도움이 될 수 있는 메시지를 담아 그 반지 안에 숨겨 두고 싶다. 메시지는 반지에 박힌 다이아몬드 밑에 숨겨야 하므로 매우 작아야 한다."

그들은 모두 현명한 사람들이었으며, 훌륭한 서적들을 저술할 정도의 대단한 학자들이었다. 하지만 절망의 순간에 왕에게 도움을 줄 수 있는 메시지를 두세 단어로 만드는 일은 쉽지 않았다. 그들은 열심히 생각했고, 가지고 있는 책들을 살펴보았으나 마땅한 말을 찾을 수가 없었다.

왕에게 나이가 아버지뻘 되는 늙은 시종이 있었다. 그는 부왕의 시종이었다. 왕의 어머니가 일찍 세상을 떠나자 시종이 왕을 돌보았다. 그래서 왕은 이 시종을 하인처럼 취급하지 않았으며 오히려 그를 무척 존경했다.

늙은 시종이 말했다. "저는 현명하지도 않고, 지식이 많은 학자도 아닙니다. 하지만 반지에 쓸 만한 메시지를 알고 있습니다. 왜냐하면 하나의 메시지만 있기 때문입니다. 그것은 현명한 학자들이 줄 수 있는 것이 아니며, 오직 신비가나 자기를 깨달은 사람만이 줄 수 있는 것입니다.

저는 궁전에서 평생을 보내면서 수많은 사람들을 만났습니다. 한 번은 어느 신비가의 시중을 들었는데, 그는 부왕의 손님이었습니다. 그는 떠나면서 저의 시중에 고마워하며 이 메시지를 주었습니다." 그리고 그는 작은 종이 조각에 그 메시지를 쓰고서 종이를 접어 왕에게 주었다. "지금은 읽지 마시고, 반지에 숨겨 두십시오. 오직 모든 것이 실패하고 출구가 보이지 않을 때만 열어 보십시오."

그 때는 일찍 찾아왔다. 나라는 침략당했고 왕은 나라를 잃었다. 왕은 살기 위해 말을 타고 도망치고 있었고, 적들이 뒤를 쫓고 있었다. 그는 혼자였고, 적들은 많았다. 결국 길이 끝나는 지점에 이르렀다. 이제 더 이상 갈 곳이 없었다. 앞에는 낭떠러지와 깊은 계곡이 있었다. 그곳으로 뛰어들면 죽을 수밖에 없었다. 되돌아갈 수도 없었다. 적의 말발굽 소리가 가까이 들렸다. 그는 앞으로 나아갈 수가 없었고, 다른 길도 없었다.

갑자기 왕은 반지를 기억해 냈다. 반지를 열고 종이를 꺼냈다. 거기에는 엄청난 가치가 담긴 짧은 메시지가 적혀 있었다. 메시지는 긴단했디 "이 또한 지나기리라." 그 문장을 읽을 때 거대한 침묵이 그를 감쌌다. "이 또한 지나가리라." 그리고 그것은 지나갔다.

모든 것은 지나간다. 이 세상에 계속되는 것은 아무것도 없다. 뒤따르던 적들은 숲에서 길을 잃어 잘못된 길로 접어들었음이 틀림없었고, 말발굽 소리는 점점 멀어지다가 나중에는 들리지 않았다.

왕은 그 늙은 시종과 알지 못하는 신비가에게 감사했다. 그 말들은 기적을 일으켰다. 그는 종이를 접어 반지에 다시 넣었다. 그리고 군대를 다시 모아서 전쟁에 승리하여 왕국을 되찾았다. 승리하여 도성으로 들어가는 날, 도성은 온통 노래하고 춤추며 승리를 축하하는 사람들로 가득했다. 그는 우쭐해 하고 있었다.

왕의 마차 옆을 걷고 있던 늙은 시종이 말했다. "이 때도 마찬가지입니다. 메시지를 다시 보십시오."

왕이 대답했다. "무슨 뜻이오? 나는 승리를 거두었고, 사람들은 기뻐하고 있네. 나는 절망에 빠져 있지 않네. 출구 없는 상황에 빠져 있지 않단 말일세."

늙은 시종이 말했다. "잘 들어보십시오. 그 성자는 저에게, 이 메시지는 절망할 때뿐만 아니라 기쁠 때도 위한 것이라고 말했습니다. 이 말은 왕께서 패했을 때만을 위한 것이 아닙니다. 승리했을 때도 마찬가지로 해당됩니다. 왕께서 꼴찌일 때만이 아니라 첫째일 때도 해당되는 것입니다.”

왕은 반지를 열어서 메시지를 읽었다. “이 또한 지나가리라.” 그러자 갑자기, 환호하고 축하하고 춤추는 군중들 가운데에서 똑같은 평화와 침묵이 자리했다. 하지만 자만과 에고는 사라졌다.

모든 것이 지나간다.

그는 늙은 시종에게 마차에 올라 옆에 앉도록 했다. 그는 물었다. “또 다른 것이 있소? 모든 것은 지나간다. 당신의 메시지는 매우 큰 도움이 되었소.”

늙은 시종이 말했다. “그 성자가 세 번째로 말한 것은 이것입니다. ‘기억하라, 모든 것은 지나간다. 단지 당신만이 지켜보는 자로 영원히 남을 것이다.’”

모든 것은 지나간다. 그러나 당신은 그대로 있다. 당신은 실재다. 다른 모든 것은 꿈에 불과하다. 아름다운 꿈도 있고 악몽도 있다. 하지만 그것이 아름다운 꿈인지 악몽인지는 중요하지 않다. 중요한 것은 꿈을 보고 있는 사람이다. 그 보는 자가 유일한 실재다.

36

지옥의 문

천국과 지옥은 지리적인 것이 아니라 심리적인 것이다. 그것은 당신의 심리 상태다. 천국과 지옥은 당신의 삶이 끝날 때 가는 곳이 아니다. 그것은 지금 바로 여기에 있다. 매 순간 문이 열린다. 매 순간 당신은 천국과 지옥 사이에서 머뭇거리고 있다. 천국과 지옥은 순간순간의 문제이며, 순간순간 결정되는 것이다. 한 순간에 지옥에서 천국으로, 천국에서 지옥으로 옮겨갈 수 있다.

천국의 문

지옥과 천국은 당신의 내면에 있다. 그 문들은 서로 매우 가까워서, 오른손으로 한쪽 문을 열고, 왼손으로 다른 문을 열 수도 있다. 단지 마음이 바뀌는 것만으로, 당신의 존재는 천국에서 지옥으로, 지옥에서 천국으로 바뀐다. 의식하지 못하고 알아차리지 못한 채 행동할 때마다, 당신은 지옥에 있다. 의식할 때마다, 완전히 알아차리며 행동할 때마다 당신은 천국에 있다.

지옥의 문/ 천국의 문

무사의 자부심

하쿠인 선사는 드물게 꽃을 피운 사람 가운데 한 명이다. 사무라이이며 뛰어난 전사인 한 무사가 그를 찾아와서 물었다. "지옥이란 것이 있고, 천국이란 것이 있습니까? 만약 지옥과 천국이 있다면, 그 문들은 어디에 있습니까? 어디로 들어갈 수 있습니까? 어떻게 하면 지옥을 피하고 천국으로 갈 수 있습니까?" 그는 단순한 무사였다. 무사는 항상 단순하다. 그렇지 않으면 무사가 될 수 없다. 무사가 아는 것은 오로지 두 가지뿐이다, 삶과 죽음. 그의 삶은 언제나 위태로우며, 그는 언제나 도박을 하고 있다. 그는 단순한 사람이다. 그는 종교적인 가르침을 배우러 온 것이 아니었다. 단지 지옥을 피하고 천국으로 들어가기 위해 어디에 문이 있는지를 알기 원했을 뿐이다.

그래서 하쿠인은 무사가 이해할 수 있는 방법으로 대답했다. 하쿠인이 어떻게 했을까? 그는 물었다. "당신은 누구입니까?" 무사가 대답했다. "나는 무사입니다." 일본에서는 무사라는 것이 대단히 자랑스러운 일이다. 그것은 그가 완벽한 전사라는 것을, 한 치의 망설임도 없이 목숨을 내놓을 수 있다는 것을 의미한다. 그에게 삶과 죽음은 게임에 불과하다.

그가 말했다. "나는 무사이며, 무사들의 수장입니다. 황제마저도 나에게 경의를 표합니다."

하쿠인이 웃으며 말했다. "당신이 무사라고? 거지처럼 보이는구면."

무사의 자부심은 상처를 입었고 자아가 한 방 크게 얻어맞았다. 그는 자신이 무엇 때문에 여기에 왔는지를 망각해 버렸다. 그리고 검을 뽑아서 막 하쿠인을 죽이려 했다. 천국의 문이 어디에 있고 지옥의 문은 어디에 있는지 물으려 왔다는 사실을 까맣게 잊었다. 하쿠인이 웃으며 말했다. "이것이 지옥의 문입니다. 이 검, 이 분노, 이 자아와 더불어 여기에 그 문이 열렸습니다." 이것이 무사가 이해할 수 있는 방법이다. 즉시 그는 이해했다. 이것이 그 문이다. 그는 검을 칼집에 다시 집어넣었다.

하쿠인이 말했다. "여기에 천국의 문이 열립니다."

천국과 지옥은 당신 안에 있다. 두 문이 모두 당신 안에 있다. 무의식적으로 행동하고 있을 때, 거기에 지옥의 문이 있다. 의식하며 알아차리고 있을 때, 서기에 전국의 문이 있다. 이 무사에게 무슨 일이 일어났는가? 그가 막 하쿠인을 죽이려고 했을 때, 그는 의식하고 있었는가? 자신이 막 무엇을 하려 하는지 의식하고 있었는가? 그는 자신이 무엇 때문에 왔는지 의식했는가? 모든 의식이 실종되었다. 자아가 사로잡을 때는 당신이 알아차리지 못한다. 자아는 마약이며, 당신이 전혀 의식하지 못하도록 취하게 만든다. 당신은 행동하지만, 그 행동은 당신의 의식으로부터 나오는 것이 아니라 무의식으로부터 나온다. 그리고 어떤 행동이든 무의식으로부터 나오면, 지옥의 문이 열린다. 당신이 무엇을 하든지 간에 자신이 하고 있는 것을 알아차리지 못한다면, 지옥의 문이 열린다. 즉시 무사는 알아차리게 되었다.

갑자기, 하쿠인이 "이것이 그 문입니다. 당신은 이미 그 문을 열었습니다."라고 말했을 때, 분명히 그 상황 자체가 알아차림을 창조했을 것이다.

한 순간만 늦었더라도 하쿠인의 목은 잘렸을 것이다. 한 순간만 늦었더라도 머리가 몸에서 분리되었을 것이다. 그때 하쿠인이 말했다. "이것이 지옥의 문입니다." 이 말은 철학적인 대답이 아니다. 어떤 스승도 철학적인 방식으로 대답하지 않는다. 철학은 오로지 평범하고 깨닫지 못한 마음들에만 존재할 뿐이다. 스승은 응답하지만, 그 응답은 언어적인 것이 아니라 전체적이다. 이 사람이 그를 죽일 뻔했다는 것은 요점이 아니다. "만약 당신이 나를 죽이고 그래서 당신이 알아차리게 된다면, 그것은 그럴 만한 가치가 있습니다." 하쿠인은 게임을 한 것이다.

이런 일이 그 무사에게 일어났을 것이다. 그는 바로 앞에 있는 하쿠인을 향해 내리치던 검을 멈추었다. 하쿠인의 눈은 웃고 있었고, 얼굴은 미소를 짓고 있었으며, 천국의 문이 열렸다. 그는 이해했다. 검은 다시 칼집으로 돌아갔다. 검을 칼집으로 다시 집어넣는 동안, 그는 완전히 고요하고 평화로웠을 것이다. 화는 사라졌고, 화 안에서 움직이던 에너지는 고요해졌다.

만약 당신이 분노하던 중에 갑자기 깨어난다면, 전에는 결코 느껴 보지 못한 평화를 느낄 것이다. 에너지가 움직이고 있다가, 갑자기 멈춘다. 당신은 고요해질 것이며, 즉시 고요해질 것이다. 당신은 내면의 존재 속으로 떨어질 것이며, 그 떨어짐은 너무나 갑작스러울 것이다. 당신은 알아차리게 될 것이다. 그것은 느린 떨어짐이 아니다. 그것은 너무나 갑작스러워서 당신이 알아차리지 못할 수가 없다. 당신은 오로지 일상적인 것들만, 점진적인 것들만 알아차리지 못한다. 너무 느리게 움직이므로 움직임을 느낄 수 없다. 하지만 이것은 갑작스러운 움직임이다. 활동에서 활동 없음으로, 생각에서 생각 없음으로, 마음에서 마음 없음으로.

검이 칼집으로 돌아가고 있을 때, 무사는 깨달았다. 그리고 하쿠인이 말했다. "여기에 천국의 문이 열립니다." 침묵이 그 문이다. 내면의 평화가 그 문이다. 비폭력이 그 문이다. 사랑과 자비가 그 문이다.

변성

아픔은 자연스러운 것이다. 그것은 이해되어야 하며 수용되어야 한다. 우리는 본래 아픔을 두려워하기에, 당연히 그것을 피하려고 한다. 그래서 많은 사람들이 가슴을 피해 왔으며 머릿속에 머물고 있다. 그들은 머릿속에서 살고 있다. 가슴은 아픔을 준다. 그렇다, 하지만 그렇게 해야만 기쁨을 줄 수 있기 때문이다. 가슴이 아픔을 주는 것은 그 때문이다. 아픔은 기쁨이 오는 길이다. 고통은 희열이 들어오는 문이다.

그것을 아는 사람이라면 아픔을 축복으로 받아들인다. 그러면 갑자기 아픔의 질이 즉시 바뀌기 시작한다. 당신은 더 이상 아픔에 대항하지 않는다. 당신이 더 이상 아픔에 대항하지 않으므로 그것은 더 이상 아픔이 아니다. 아픔은 친구이다. 아픔은 당신을 정화시킬 불이다. 그것이 변성(變性)이다. 그 과정 속에서 낡은 것은 가고 새로운 것이 도착할 것이다. 마음이 사라지고 가슴이 전체로 기능할 것이다. 그럴 때 삶은 축복이다.

변성

아티샤의 가슴 명상

아티샤의 호흡법을 해 보라.

숨을 들이마실 때 주의 깊게 귀를 기울여라. 그것은 가장 훌륭한 방법 가운데 하나다. 숨을 들이마실 때, 세상 모든 사람들의 모든 고통을 들이마시고 있다고 생각하라. 어디에나 존재하는 모든 어둠, 모든 부정성, 모든 지옥을 당신은 들이마시고 있다. 그것이 가슴속으로 흡수되게 하라.

당신은 이른바 서양의 긍정적인 사고에 관한 책을 읽거나 들은 적이 있을 것이다. 그들은 아티샤와 정반대로 이야기한다. 그들은 자신이 말하는 바를 알지 못한다. 그들은 말한다. "숨을 내쉴 때, 당신의 모든 불행과 부정성을 밖으로 던져라. 그리고 숨을 들이마실 때, 기쁨과 긍정성, 행복, 활기를 들이마셔라."

아티샤의 방법은 정반대다. 숨을 들이마실 때, 세상의 과거, 현재, 미래의 모든 존재의 불행과 고통을 들이마신다. 그리고 숨을 내쉴 때는 당신이 가진 모든 기쁨, 당신이 가진 더없는 행복, 당신이 가진 모든 은총을 내쉰다. 내쉬면서 당신 자신을 존재에 쏟아 부어라.

이렇게 호흡해 보면 당신은 무척 놀라게 될 것이다. 당신이 세상의 모든 고통을 내면으로 받아들이는 순간, 그것은 더 이상 고통이 아니다. 가슴은 즉각적으로 에너지를 변형시킨다. 가슴은 변형시키는 힘이 있다. 불행을 마시면 그것은 더없는 행복으로 변형된다. 그러면 그것을 밖으로 쏟아 부어라.

당신의 가슴이 이 마법, 기적을 행할 수 있다는 것을 한번 배우게 되면, 당신은 그것을 다시, 또다시 하고 싶어 한다. 시도해 보라. 이 간단한 방법은 가장 실제적인 방법 가운데 하나이며, 즉각적인 결과를 가져온다. 오늘 해 보라. 그리고 지켜보라.

그것은 붓다와 모든 제자들이 행한 방법들 가운데 하나다. 아티샤는 붓다의 제자 가운데 한 명이며, 같은 전통, 같은 계보에 속해 있다. 붓다는 제자들에게 거듭하여 말한다. "와서 보라!" 그들은 매우 과학적인 사람들이다. 불교는 세상에서 가장 과학적인 종교이다. 그런 까닭에 불교는 세상에서 날마다 더욱 교세를 확장하고 있다. 세상이 더욱더 지성적이 될수록, 붓다는 더욱더 중요해질 것이다. 그렇게 되게 되어 있다. 사람들이 과학에 대해 더욱더 알게 될 수록, 붓다는 더욱더 매력을 갖게 될 것이다. 붓다는 과학적인 마음을 확신시킬 것이다. 왜냐하면 그는 "내가 말하는 것은 무엇이든지 실천될 수 있다."고 말하기 때문이다. 나는 당신에게 "그것을 믿으라."고 말하지 않는다. "실험하고 경험하라. 그 다음에 그것을 스스로 느낀다면, 그것을 신뢰하라. 그렇지 않으면 믿을 필요가 없다."

모든 고통을 받아들이고 모든 기쁨을 쏟아 내는, 이 아름다운 자비의 방법을 시도해 보라.

39

에너지

당신이 에너지를 창조적으로 만들지 않으면, 그 에너지는 못 쓰게 되거나 파괴적으로 변한다. 에너지는 위험한 것이다. 만약 에너지를 가지고 있다면 그것을 창조적으로 사용해야 한다. 그렇지 않으면 조만간 그것은 파괴적으로 변할 것이다. 그러므로 당신의 에너지를 쏟아 부을 수 있는 어떤 것, 무엇이든 당신이 좋아하는 것을 찾아라. 원한다면 그림을 그려라. 아니면, 춤을 추거나 노래를 불러라. 또는 악기를 연주하라. 무엇이든 당신이 그 속에 완전히 몰입될 수 있는 길을 찾아라.

기타 연주를 하면서 몰입될 수 있다면, 좋다! 당신이 사라지는 그러한 순간들에 에너지는 창조적인 방식으로 놓여날 것이다. 만약 당신이 그림을 그리고, 노래하고, 춤추고, 기타나 피리를 연주하는 일에 몰입될 수 없다면, 당신은 이보다 낮은 몰입 방법들을 발견하게 될 것이다. 화, 격분, 공격성, 이것들이 낮은 몰입 방법들이다.

에너지

손가락 화환을 두른 남자

고타마 붓다는 어느 살인자를 승려로 입문시켰는데, 그 살인자는 평범한 살인자가 아니었다. 그와 비교하면 루돌프 헤스는 아무것도 아니다. 그의 이름은 앙굴리마라였다. 앙굴리마라는 손가락 화환을 두른 사람을 의미한다.

그는 천 명의 사람을 죽이겠다고 맹세했다. 그리고 자신이 얼마나 많은 사람을 죽였는지 기억하기 위하여, 사람을 죽일 때마다 손가락을 하나씩 잘라서 화환을 만들기로 했다. 이제 그가 모은 손가락은 999개가 되었다. 딱 한 개가 모자랐다. 그 한 개가 모자란 이유는 그가 다니던 길이 폐쇄되었기 때문이다. 아무도 그 길로 다니지 않았다. 그러나 고타마 붓다가 그 폐쇄된 길로 들어섰다. 왕은 사람들이 그 길로 들어서지 못하도록 경비병들을 세워 길을 지키게

하였다. 특히, 산 뒤쪽에 위험한 사람이 살고 있다는 것을 모르는
이방인들은 더 철저히 막았다.

경비병들이 고타마 붓다에게 말했다. "이 길은 폐쇄되었습니다.
여기에는 앙굴리마라가 살고 있습니다. 왕께서도 차마 이 길만은
가지 못하십니다. 그는 미친놈입니다.

그의 어머니가 그를 찾아가곤 했습니다. 어머니만이 그놈을 만나
러 가끔 가곤 했는데, 어머니조차 발길을 끊었습니다. 마지막으로
어머니가 갔을 때 그놈이 이렇게 말했답니다. '이제 손가락 한 개가
모자랍니다. 당신이 제 어머니라서 경고하는데, 다시 한 번 더 오는
날에는 돌아가지 못할 것입니다. 손가락 한 개가 절실히 필요하기
때문입니다. 지금까지는 다른 사람들을 죽일 수 있어서 어머니를
죽이지 않았지만, 이제는 어머니 말고는 아무도 이 길을 다니지 않
습니다. 그래서 만약 다음 번에 어머니가 온다면, 그때 벌어질 일은
어머니의 책임이지, 제 책임이 아닙니다.' 그 후로 어머니는 다시
오지 않았습니다." 경비병들이 붓다에게 말했다. "쓸데없이 위험을
감수하지 마세요."

그들에게 붓다가 뭐라고 대답했는지 아는가?

붓다는 이렇게 말했다. "내가 가지 않으면 누가 가겠습니까? 가
능성은 두 가지뿐입니다. 하나는 내가 그를 변화시키는 것인데, 나

는 이 도전을 놓칠 수가 없습니다. 다른 하나는 내가 그에게 손가락 하나를 주는 것입니다. 그러면 그의 욕망이 충족되겠지요. 어쨌든 나는 언젠가 죽습니다. 앙굴리미리에게 나의 머리를 준다면 적어도 어떤 쓸모는 있을 것입니다. 그렇게 하지 않아도 언젠가 나는 죽을 것이며 장작더미 위에 뉘여 화장될 것입니다. 누군가의 욕망을 채워 주고 그에게 마음의 평화를 주는 편이 낫다고 생각합니다. 그가 나를 죽이지 않으면 내가 그를 죽이겠지만, 아무튼 이 만남은 이루어질 것입니다. 그냥 길을 안내해 주십시오.”

항상 고타마 붓다를 따르던 사람들, 그에게 가까이 가려고 언제나 경쟁하던 제자들이 걸음을 늦추기 시작했다. 이내 고타마 붓다와 제자들 사이에는 몇 마일이나 거리가 벌어지게 되었다. 그들은 무슨 일이 일어나는지 보고 싶었지만, 너무 가까이 있고 싶지는 않았다.

앙굴리마라는 바위 위에 앉아서 지켜보고 있었다. 그는 자신의 눈을 믿을 수 없었다. 거대한 카리스마를 지닌 너무나 아름다운 사람이 그를 향해 걸어오고 있었다. 이 사람은 누구인가? 고타마 붓다에 대해 한 번도 들어 보지 못했지만, 앙굴리마라의 딱딱한 가슴조차도 그 사람을 향해 어떤 부드러움을 느끼기 시작했다. 자신을 향해 걸어오고 있는 그는 너무 아름다워 보였다. 이른 아침이었다. 시원한 산들바람이 불고, 태양이 떠오르고 있었으며, 새들은 노래하고 있었다. 꽃들이 봉오리를 열었다. 그리고 붓다가 점점 가까이 다가오고 있었다.

마침내 앙굴리마라는 손에 검을 쥐고 외쳤다. "멈춰!" 고타마 붓다는 단지 몇 발자국 떨어져 있었다. 앙굴리마라가 말했다. "꼼짝 마. 조금이라도 움직이면 그 뒷일은 내 책임이 아니다. 내가 누구인지 모르는가?"

붓다가 말했다. "당신은 자신이 누구인지 알고 있습니까?"

앙굴리마라가 대꾸했다. "상관없어. 그런 걸 말할 때가 아니다. 네 목숨이 위험하다!"

붓다가 말했다. "내가 보기에는 당신의 생명이 위험합니다."

앙굴리마라가 말했다. "나는 내가 미쳤다고 생각하는데, 너는 정말 미쳤구나. 더 다가오면 뒷일은 내 책임이 아니다. 내가 무고한 사람을 죽였다고 말하지 마라. 너는 너무 순수하고 아름다워서 죽이고 싶지 않다. 돌아가라. 나는 다른 사람을 찾아보겠다. 기다릴 수 있다. 서두를 필요는 없다. 999개까지 모았고, 이제 남은 것은 하나뿐이다. 내 손으로 너를 죽이게 하지 마라."

붓다는 가까이 다가왔고, 앙굴리마라의 손은 떨리고 있었다. 이 남자는 매우 아름답고, 순수하고, 어린아이 같았다. 그는 이미 사랑에 빠졌다. 앙굴리마라는 수많은 사람을 죽였지만 이러한 나약함은 느껴 본 적이 없었다. 그는 사랑이 무엇인지 알지 못했지만, 처음으로 사랑으로 가득 찼다. 갈등이 있었다. 손은 그를 죽이려고 검을 들고 있었지만, 그의 가슴은 "검을 칼집에 다시 넣어라."고 말하고 있었다.

붓다가 말했다. "나는 준비가 되었습니다. 그런데 왜 당신의 손은 떨고 있습니까? 당신은 위대한 전사라서 왕조차도 두려워합니다. 나는 가난한 걸인일 뿐입니다. 동냥 그릇 말고는 아무것도 가진 것이 없습니다. 당신은 나를 죽일 수 있습니다. 그러면 나는 적어도 나의 죽음이 누군가의 욕망을 채워 준 데 대해 무한한 만족을 느낄 것입니다. 나의 삶이 쓸모가 있었고, 나의 죽음도 역시 쓸모가 있을 것이기 때문입니다. 하지만 당신이 내 머리를 치기 전에, 당신에게 작은 바람이 있습니다. 나를 죽이기 전에 이 작은 바람을 들어주겠지요."

상대를 죽이기 전에는 가장 무도한 적일지라도 어떤 바람이든지 기꺼이 들어줄 것이다. 앙굴리마라가 말했다. "원하는 것이 무엇인가?"

붓다는 말했다. "꽃들이 피어 있는 나뭇가지를 하나 꺾어 주십시오. 다시는 이 꽃들을 보지 못할 테니, 꽃들을 가까이에서 보고 싶습니다. 아침 햇살 속에서 그 꽃들의 향기와 아름다움을 느껴 보고 싶습니다."

앙굴리마라는 꽃들이 피어 있는 나뭇가지를 검으로 잘랐다. 그가 이 가지를 붓다에게 주려고 하자, 붓다가 말했다. "이것은 내 바람의 절반일 뿐입니다. 그 가지를 다시 나무에 붙여 주십시오. 그것이 다른 절반입니다."

앙굴리마라가 말했다. "처음부터 네가 미쳤다고 생각하고 있었다. 그런데 이 바람은 가장 미친 것이다. 어떻게 내가 이 가지를 도로 붙여 놓을 수 있겠는가?"

붓다는 말했다. "만약 당신이 창조할 수 없다면, 당신에게는 파괴할 권리가 없습니다. 만약 당신이 생명을 줄 수 없다면, 당신에게는 어떤 살아 있는 것에게도 죽음을 줄 권리가 없습니다."

침묵의 순간, 변형의 순간이 흐르고, 검이 그의 손에서 바닥으로 떨어졌다. 앙굴리마라는 붓다의 발아래에 주저앉으며 말했다. "나는 당신이 누구인지 모릅니다. 하지만 당신이 누구든지 간에, 당신이 있는 곳에 저를 데려가 주십시오. 저를 받아 주십시오."

그때쯤 고타마 붓다를 따르던 사람들이 점점 가까이 다가왔다. 그들은 주변에 있다가, 앙굴리마라가 붓다의 발아래 엎드리자 즉시 모여들었다. 어떤 사람이 이의를 제기했다. "이 사람을 받아 주지 마세요. 그는 살인자입니다!"

붓다가 말했다. "만약 내가 그를 받아들이지 않는다면, 누가 그를 받아들이겠는가? 나는 그를 사랑하고, 그의 용기를 사랑한다. 그리고 그에게서 엄청난 가능성을 본다. 그는 혼자서 온 세상에 대항하여 싸웠다. 나는 이런 사람을 원한다. 온 세상에 맞설 수 있는 사람. 나는 온 세상에 대항하여 서 있을 수 있는 사람을 원한다. 지금까지 그는 검을 들고 세상에 맞서 왔지만, 이제는 어떤 검보다도 날카로운 의식을 가지고 세상에 맞설 것이다. 나는 너희에게 말했다. 누군가가 죽을 것이지만 누가 죽을 것인지는 확실하지 않다고, 내가 아니면 앙굴리마라가 죽을 것이라고……. 이제 너희는 앙굴리마라가 죽었다는 것을 안다. 그러니 내가 누구를 정죄할 수 있겠는가?"

40

전체

누구도 섬이 아니다. 우리는 모두 거대한 대륙의 일부이다. 다양성이 있지만, 그것은 우리를 분리시키지 않는다. 다양성은 삶을 더 풍부하게 만든다. 우리의 일부는 히말라야에 있고, 우리의 일부는 별들 안에 있으며, 우리의 일부는 장미 속에 있다. 우리의 일부는 하늘을 나는 새 안에 있고, 우리의 일부는 무성한 나무 안에 있다. 우리는 모든 곳에 퍼져 있다. 그것을 실재로서 경험하는 것은 삶에 대한 당신의 모든 접근을 변화시킬 것이며, 당신의 모든 행동을 변화시킬 것이며, 당신의 존재 자체를 변화시킬 것이다.

전체

"평범한 바늘이 필요하다."

위대한 수피 신비가인 파리드가 살아 있을 때 왕이 그를 만나러 왔다고 전해진다. 왕은 그를 위해 다이아몬드로 장식된 아름다운 황금 가위를 선물로 가져왔다. 그는 파리드의 발을 만지며 인사하고 가위를 그에게 건네주었다. 파리드는 가위를 받고서 살펴보더니, 다시 왕에게 돌려주면서 말했다. "전하, 선물에 감사합니다. 이 가위는 아름답지만 나에게는 전혀 쓸모가 없습니다. 바늘을 주셨더라면 더 나았을 것입니다. 내게는 가위가 필요하지 않습니다. 바늘이 필요합니다."

왕이 말했다. "이해가 되지 않습니다. 바늘이 필요하면 가위도 필요할 것입니다."

파리드가 말했다. "내 말은 은유입니다. 내게는 가위가 필요하지 않습니다. 가위는 사물들을 따로따로 나누기 때문입니다. 나에게 필요한 것은 바늘입니다. 바늘은 사물들을 붙여 합치기 때문입니다. 나는 사랑을 가르칩니다. 내 모든 가르침은 사랑에 바탕을 둡니다. 사물들을 함께 붙이고, 사람들이 함께 하도록 가르칩니다. 사람들이 함께 하도록 하기 위해서는 바늘이 필요합니다. 가위는 쓸모가 없습니다. 가위는 자르고 단절시킵니다. 다음에 오시게 되면, 평범한 바늘 하나로 충분할 것입니다.”

논리는 가위와 같다. 그것은 자르고, 사물들을 분리시킨다. 마음은 일종의 프리즘이다. 흰빛이 프리즘을 통과하여 지나가면 즉시 일곱 가지 색깔로 분리된다. 무엇이든지 마음을 통과하면 그것은 이원적으로 변한다. 삶과 죽음은 삶-과-죽음이 아니다. 실상은 삶죽음이다. 그것은 두 개가 아니라 하나의 단어이어야 한다. 그 사이에는 이음줄조차도 없다. 삶죽음은 하나의 현상이다. 사랑미움은 하나의 현상이다. 어둠빛은 하나의 현상이다. 부정긍정은 하나의 현상이다. 하지만 이 하나의 현상이 마음을 통과하면, 하나는 즉시 둘로 분리된다. 삶죽음은 삶과 죽음으로 변한다. 그것은 분리될 뿐만 아니라, 죽음은 삶과 대립하게 된다. 그 둘은 적이다. 이 둘이 만나게 해 보라. 결코 만나지 않을 것이다.

키플링은 말했다. “동쪽은 동쪽이고 서쪽은 서쪽이다. 그 둘은 결코 만나지 않을 것이다." 그의 말이 맞다.

논리적으로는 그것이 진실이다. 어떻게 동쪽과 서쪽이 서로 만날 수 있겠는가? 어떻게 서쪽이 동쪽을 만날 수 있겠는가? 하지만 존재에 관해서는 완전히 터무니없는 말이다. 그것들은 어디에서나 만나고 있다. 예를 들어, 당신은 인도에 앉아 있다. 그곳은 동쪽인가, 서쪽인가? 당신이 런던과 비교한다면, 그곳은 동쪽이다. 도쿄와 비교한다면, 그곳은 서쪽이다. 그곳은 정확히 무엇인가, 동쪽인가 서쪽인가? 각 지점에서 동쪽과 서쪽은 만나고 있는데, 키플링은 "결코 둘은 만나지 않을 것이다."라고 말한다. 그 둘은 어디에서나 만나고 있다. 동쪽과 서쪽이 만나지 않는 지점은 하나도 없으며, 동쪽과 서쪽이 만나지 않는 사람 역시 아무도 없다. 그렇지 않을 수 없다. 그 둘은 만나야 한다. 그것은 하나의 실재이며, 하나의 하늘이다.

41

실패

아침일 때는 아침이다. 저녁일 때는 저녁이다. 거기에는 선택할 여지가 없다. 선택을 버려라. 그러면 어디에서나 자유롭다. 자유는 오직 선택 없음 속에서만 있을 수 있다. 그러면 당신이 젊을 때, 그것은 아름답다. 당신이 아이일 때, 그것은 아름답다. 당신이 늙을 때, 그것은 아름답다. 당신이 죽을 때, 그것은 아름답다. 왜냐하면 당신은 결코 전체와 분리되어 있지 않기 때문이다. 당신은 바다에 있는 하나의 파도일 뿐이기 때문이다.

바다의 파도가 자신을 개인이라고 생각한다면, 문제가 생길 것이다. 바다의 파도는 자기가 분리되어 있다고 생각하지 않는다. 그래서 바다가 자기를 어디로 데려가든지, 파도는 기꺼운 마음으로 기쁘게 춤을 추며 그 쪽으로 움직인다.

실패

진정한 싱공의 공개된 비밀

신비가 카비르는 노래한다.

나는 내면의 연인과 얘기합니다. 그리고 말합니다, 왜 그렇게 서두르시나요? 우리는 새와 동물, 개미를 사랑하는 어떤 영(靈)이 있음을 느낍니다. 그는 아마 어머니의 자궁 안에 있던 당신에게 빛을 주신 그분이겠지요. 당신이 지금 완전히 고아가 되어 걷고 있다고 한다면, 그것은 논리적일까요? 당신이 자신에게 등을 돌리고 어둠 속으로 혼자 가기로 결정했다는 것, 그것이 진실입니다. 이제 당신은 다른 사람들과 얽혀 있으며 한때 알았던 것을 잊었습니다. 당신이 하는 모든 일 안에 어떤 기묘한 실패가 담겨 있는 것은 그 때문입니다.

일은 일어날 필요가 있을 때 일어난다. 일들은 일어날 필요가 있을 때 일어나게 되어 있다. 모든 일이 잘 되고 있다. 단지 신뢰하라. 차이를 기억하라. 신학자는 말할 것이다. "신의 개념을 믿어라." 신비가는 신의 개념을 믿을 필요가 없으며, 그저 존재 안의 조화를 느끼라고 말한다. 그것은 개념이 아니며, 믿음도 아니다. 당신은 그것을 느낄 수 있다. 그것은 어디에나 있다. 그것은 거의 만져질 만큼 확실하다.

자신이 전체와 하나라고 생각하는 순간, 이완이 일어나고 갑작스러운 놓음이 일어난다. 당신은 자기를 붙들고 있을 필요가 없으며, 편안히 이완될 수 있다. 긴장한 채로 있을 필요는 없다. 당신이 도달할 개인적인 목표가 없기 때문이다. 당신은 신과 함께 흐른다. 신의 목표가 당신의 목표이며, 신의 운명이 당신의 운명이다. 당신은 개인적인 운명을 갖지 않는다. 개인적인 운명은 문제들을 가져온다.

자신의 삶 속에서 그것을 지켜보지 못했는가? 당신이 하는 일은 모두 실패하고 있다. 당신은 아직 핵심을 보지 못하고 있다. 당신은 자신이 일을 제대로 하지 못해서 실패했다고 생각한다. 그래서 다른 계획을 시도하고, 다시 실패한다. 당신은 기술이 부족하다고 생각하고 기술을 배운다. 그런데 다시 실패한다. 그러고 나면 당신은 "온 세상이 나를 막고 있어."라거나 "운명이 나를 막고 있어."라거나 "나는 사람들의 질투의 희생자야."라고 생각한다. 당신은 왜 실패하는지 설명해 줄 그럴 듯한 이유를 계속 찾고 있지만, 실패의 진정한 이유는 찾지 못한다.

카비르는 말한다. "실패는 당신-빼기-신을 의미합니다." 그것이 카비르의 이해다. 실패는 당신-빼기-신과 같고, 성공은 당신-더하기-신과 같다. 성공은 신 안에, 신과 함께 있다. 그리고 기억하라, 내가 말하는 신은 천국의 어디에 앉아 있는 사람이 아니라 우주적인 영이다. 우주적인 영, 도(道), 존재 전체에 스며 있는 법칙을 느껴라. 그것으로부터 당신이 태어나며, 어느 날 당신은 그것으로 돌아갈 것이다.

42

걱정

이제까지 한 가지에 주목한 적이 있는가? 현재는 언제나 흥미롭고, 현재는 더 없이 행복하다. 걱정과 고통이 생기는 이유는, 과거에 하고 싶었지만 할 수 없었던 것 때문이거나, 미래에 하고 싶지만 할 수 있을지 없을지 알지 못하는 것 때문이다. 현재에는 고통이 없으며 걱정이 없다. 당신은 이 작은 진실을 알아차린 적이 있는가, 살펴본 적이 있는가? 현재가 마음을 어지럽히지 않는 것은 이 때문이다. 걱정은 마음을 어지럽힌다. 현재에는 고통이 없다. 현재는 고통을 알지 못한다. 현재는 너무나 작은 순간이므로 고통이 그 안에 들어맞을 수 없다. 현재에는 지옥이 아니라 오로지 천국만이 들어맞는다. 지옥은 너무 크다! 현재는 오로지 평화일 수밖에 없다. 행복일 수밖에 없다.

걱정

버스를 탄 노파

버스를 타고 여행하던 노파에 관한 이야기를 들은 적이 있다. 노파는 불안해 하고 걱정하면서 버스가 멈출 때마다 그 정류장이 어느 곳인지 끊임없이 묻고 있었다.

노파의 옆 자리에 앉아 있던 다른 승객이 말했다. "안심하세요. 걱정하지 마세요. 버스가 도착할 때마다 그 정류장이 어느 곳인지 차장이 계속 알려줄 겁니다. 그래도 걱정된다면 내가 차장을 여기로 부르겠습니다. 어디에서 내리고 싶은지 그에게 말하세요. 그가 기억할 겁니다. 그러면 편안히 가실 수 있겠지요."

그가 차장을 불러 데려오자 노파가 말했다. "꼭 기억해 주시우. 그곳을 지나치면 안 되니까. 그곳에 급히 가야 한다우."

차장이 말했다 "좋아요, 기억하겠습니다. 그렇지 않아도 정류장에 설 때마다 그곳이 어디인지 알릴 겁니다. 하지만 할머니가 내릴 곳을 기억하고 있다가, 그곳에 도착하면 특별히 직접 와서 말씀드릴게요. 안심하세요. 너무 걱정하지 마세요."

노파는 땀을 흘리며 몸을 부들부들 떨고 있었고, 몹시 긴장하고 있는 것 같았다. 노파가 말했다. "그래요, 꼭 기억해 두시우. 나는 버스 종점에서 내려야 한다우."

내릴 곳이 버스 종점이라면, 왜 걱정해야 하는가? 어떻게 종점을 지나칠 수 있겠는가? 그럴 수는 없다!

당신이 쉬는 순간, 이완하는 순간, 존재가 이미 더 높은 정상을 향해 가고 있고, 움직이고 있고, 그곳에 도달하고 있다는 것을 당신은 안다. 당신은 그것의 일부이다. 당신은 별도의 야망을 가질 필요가 없다. 이것이 이완이다. 휴식하는, 모든 개인적인 목표들을 내려놓는, 뭔가를 성취하려는 마음과 자아의 모든 투사들을 모두 내려놓는 것. 그러면 삶은 하나의 불가사의다. 당신의 눈은 경이로움으로 가득 찰 것이며, 당신의 가슴은 경외심으로 가득 찰 것이다.

우리는 어떤 것이 될 수 없다. 우리는 이미 그것이다. 이것이 모든 깨어난 사람들의 전체 메시지다. 즉, 당신은 뭔가를 이룰 수 없다는 것, 그것은 이미 당신에게 주어져 있다는 것. 그것은 신의 선물이다. 당신은 이미 자신이 있어야 할 곳에 있다. 당신은 다른 어느 곳에 있을 수 없다. 갈 곳도 없고, 이룰 것도 없다. 갈 곳도 없고 이룰 것도 없으므로 당신은 신나게 놀 수 있다. 그러면 거기에는 서두름도 없고, 걱정도 없고, 고통도 없고, 실패에 대한 두려움도 없다. 당신은 실패할 수 없다. 사물의 본성 안에는 실패하는 것이 불가능하다. 거기에는 성공이라는 것이 전혀 없기 때문이다.

소망하는 생각

생각하는 사람은 그의 생각으로 창조하고 있다. 이것은 우리가 이해해야 할 가장 근본적인 진실 가운데 하나이다. 당신이 경험하는 모든 것은 당신이 창조한 것이다. 먼저 당신은 그것을 창조하고, 다음에는 그것을 경험하며, 그 다음에는 그 경험에 사로잡힌다. 왜냐하면 당신은 모든 것의 근원이 당신 안에 존재한다는 것을 모르고 있기 때문이다.

소망하는 생각

소원을 이루어 주는 나무 이야기

옛날에 한 남자가 여행을 하던 중, 우연히 천국에 들어갔다. 인도인들이 생각하는 천국에는 소원을 이루어 주는 나무들인 칼파타루스가 있다. 뭔가를 소원하며 그 나무 아래 앉아만 있어도 즉시 소원이 이루어진다. 소원과 성취 사이에는 간격이 없다. 생각하자마자 즉시 이루어진다. 생각이 자동적으로 실현된다. 이러한 칼파타루스 나무들은 바로 마음을 상징하는 것이다. 마음은 창조하는데, 그 생각들로 무언가를 창조한다.

지쳐 있던 남자는 소원을 이루어 주는 나무 아래에서 잠이 들었다. 이윽고 잠에서 깨어난 그는 무척 배가 고팠다. 그래서 중얼거렸다. "어디에서든 음식을 얻을 수 있으면 좋겠다." 그러자 곧바로 음식이 나타나서 공중에 떠 있었다. 맛있는 음식이었다. 그는 허겁지

겁 먹기 시작했다. 그러다가 배가 부르자 다른 생각이 떠올랐다. "마실 음료를 얻으면 좋겠는데……." 천국에는 금주법이 없다. 그래서 곧바로 귀한 포도주가 나타났다.

포도주를 마시고, 나무 그늘 아래 편안히 앉아서 천국의 선선한 산들바람을 즐기고 있던 그에게 의심이 들기 시작했다. "무슨 일이 일어나고 있는 거지? 내가 꿈을 꾸고 있나? 아니면 어떤 유령들이 나에게 장난을 치고 있나?" 그러자 유령들이 나타났다! 그들은 잔인하고, 무섭고, 메스꺼울 정도로 혐오스러웠다. 그는 부들부들 떨기 시작했고, 하나의 생각이 떠올랐다. "이제 나는 죽임을 당할 게 분명해. 이들이 나를 죽일 거야."

그리고 그는 죽임을 당했다.

이 우화는 상당히 의미심장한 고대의 우화다. 당신의 마음은 소원을 이루어 주는 나무다. 당신이 무엇을 생각하든지 그것은 조만간 이루어진다. 소원이 이루어지는 시기는 때로는 당신이 처음 원했다는 사실을 완전히 잊은 뒤일 수도 있고, 때로는 몇 년 뒤일 수도 있으며, 혹은 몇 생애를 거친 뒤일 수도 있다. 그래서 당신은 결과와 근원을 연결지을 수가 없다. 그러나 만약 당신이 주의 깊게 살펴본다면, 당신의 모든 생각이 자기 자신과 자신의 삶을 창조하고 있음을 발견하게 될 것이다. 그 생각들은 당신의 지옥을 창조하고,

당신의 천국을 창조한다. 그 생각들은 당신의 고통을 창조하고, 당신의 기쁨을 창조한다. 그 생각들은 부정적인 것을 창조하고, 긍정적인 것을 창조한다. 모든 사람이 마법사이니, 실을 뽑고 베를 짜듯이 자신의 주위에 마법의 세계를 창조하고 있다. 그리고 그는 사로잡힌다. 마치 거미가 자신이 지은 거미집에 사로잡히듯이.

이 점이 이해되면, 모든 것이 변화하기 시작한다. 그러면 당신은 신나게 뛰어놀 수 있다. 당신의 지옥을 천국으로 바꿀 수 있다. 그것은 다른 시선으로 채색하는 것일 뿐이다. 혹은 만약 당신이 고통을 너무 사랑한다면, 당신은 원하는 만큼 많은 고통을 창조할 수 있다. 하지만 그럴 때 당신은 결코 불평하지 않을 것이다. 왜냐하면 당신은 그것을 스스로 창조했다는 것을 알고 있기 때문이다. 그것은 당신이 스스로 채색한 것이다. 그러므로 당신은 그것에 대해 다른 누구에게도 책임감을 느끼도록 만들 수 없다. 그러면 모든 책임은 전적으로 당신의 것이다.

그리고 새로운 가능성이 일어난다. 당신은 세상을 창조하기를 그만둘 수 있다. 당신은 세상을 창조하기를 멈출 수 있다. 천국과 지옥을 창조할 필요가 없으며, 무엇이든 창조할 필요가 없다. 창조자는 편히 쉬고 물러날 수 있다.

마음의 그 물러남이 명상이다.

44

욕망

당신이 어떤 것을 욕망한다면, 당신의 기쁨은 그 어떤 것에 의존하게 된다. 만약 그것이 없어진다면, 당신은 불행해질 것이다. 그것이 주어지면 당신은 행복하겠지만, 오로지 잠시뿐이다. 그 점도 이해되어야 한다. 당신의 욕망이 충족될 때마다 당신은 기쁨을 느끼겠지만, 오로지 잠시뿐이다. 그것은 곧 지나간다. 왜냐하면 한번 그것을 갖게 되면, 마음은 그 이상을, 다른 무엇을 욕망하기 시작하기 때문이다. 마음은 욕망하는 가운데 존재한다. 따라서 마음은 당신이 욕망하지 않도록 결코 내버려두지 않는다. 만약 당신에게 욕망이 없다면, 마음은 즉시 사라질 것이다. 그것이 명상의 모든 비밀이다.

욕망

마법의 동냥 그릇

황제가 머물고 있는 궁전의 문을 한 거지가 두드리고 있었다. 이른 아침이었다. 황제는 아름다운 정원에서 아침 산책을 하기 위해 밖으로 나오고 있었다. 그렇지 않았다면 거지가 황제를 만날 수는 없었을 것이다. 마침 주변에는 거지를 제지할 사람이 아무도 없었다.

황제가 거지를 발견하고 물었다. "너는 무엇을 원하느냐?"

거지가 대답했다. "그것을 물어보기 전에 두 번 생각하십시오."

황제는 그처럼 당당한 남자를 한 번도 본 적이 없었다. 황제는 전쟁을 할 때마다 승리하여 이제 자신보다 강한 자가 세상에 아무도 없었다. 그런데 이 거지가 그에게 말했다. "말하기 전에 두 번 생각하십시오. 그 말이 이루어지지 않을 수도 있으니까요."

황제가 말했다. "걱정하지 말라, 그것은 내가 알아서 하마. 원하는 것을 말해 보라, 이루어질 것이다!"

거지가 말했다. "이 동냥 그릇이 보이십니까? 이 그릇이 가득 채워지기를 원합니다! 무엇으로 채우든지 상관없지만, 한 가지 조건은 이 그릇이 채워져야 한다는 것입니다. 가득 차야 합니다. 지금이라도 거절하실 수 있습니다. 하지만 만약 이 조건을 받아들인다면 곤경에 처하시게 될 것입니다."

황제는 웃었다. 이깟 동냥 그릇 하나쯤이야……. 지금 이 자가 나에게 경고를 하고 있는 것인가? 황제는 자기가 누구인지를 이 거지에게 보여 주기 위하여 동냥 그릇을 다이아몬드로 가득 채우도록 신하에게 지시했다. 거지가 다시 말했다. "두 번 생각하십시오."

그리고 곧 거지가 옳다는 것이 명백해졌다. 다이아몬드들이 거지의 동냥 그릇에 부어지는 순간 사라졌기 때문이다. 소문은 들불처럼 도성에 퍼지기 시작했다. 수천 명의 사람들이 그 광경을 보기 위해 모여들었다. 이 귀한 보석이 모두 소진되자 황제가 말했다. "금과 은, 모든 것을 다 가지고 오라! 내 왕국 전체가 도전받고 있다." 하지만 저녁이 되자 모든 것이 사라졌고 두 명의 거지만 남았다. 그 중에 한 명은 황제였던 사람이었다.

황제가 말했다. "당신의 경고를 듣지 않은 데 대해 용서를 구하고 싶지만, 그 전에 이 동냥 그릇의 비밀을 말해 주시오."

거지는 말했다. "비밀은 없습니다. 저는 이것을 갈고 닦아서 그릇처럼 보이게 만들었지만, 이것은 사실 인간의 두개골입니다. 당신은 여기에 온갖 것을 계속 들이붓고 있지만 그것은 사라지지요."

이 이야기는 깊은 의미를 지니고 있다. 당신은 자신의 동냥 그릇에 대해 생각해 본 적이 있는가? 모든 것은 사라진다. 힘도, 명예도, 존경도, 부유함도, 모든 것이 사라진다. 모든 것이 사라지지만, 당신의 동냥 그릇은 그 이상의 것을 바라며 입을 벌리고 있다. '그 이상의 것'은 당신을 이것으로부터 멀어지게 한다. 어떤 것에 대한 욕망, 갈망은 당신을 지금 이 순간으로부터 멀어지게 한다.

세상에는 두 부류의 사람이 있다. 대다수는 그림자를 좇으며 달리고 있다. 그들이 무덤에 들어갈 때까지 그들의 동냥 그릇은 함께 있을 것이다. 그리고 백만 명 중에 한 명이나 될 법한 극소수의 사람들이 있다. 그들은 모든 욕망을 내려놓고 아무것도 바라지 않는다. 그리고 갑자기 그는 모든 것이 자신 안에 있음을 발견한다.

완전하게 살기

"기회를 기다리고 있다."고 말하고 있는 사람들은 속고 있는 사람들이다. 그들은 다른 사람이 아니라 자기 자신을 속이고 있다. 기회는 내일 오지 않을 것이다. 기회는 이미 도착해 있으며, 언제나 여기에 있다. 심지어 당신이 여기에 있지 않았을 때부터 기회는 여기에 있었다. 존재는 기회다. 있는 것이 기회다.

"내일 명상하겠다. 내일 사랑하겠다. 내일 존재와 춤추는 관계를 갖겠다."라고 말하지 말라. 왜 내일인가? 내일은 결코 오지 않는다. 왜 지금이 아닌가? 왜 미루는가? 미룸은 마음의 속임수다. 마음은 당신이 계속 희망하게 한다. 그 사이에 기회는 미끄러져 나간다. 그러다가 결국 당신은 죽음이라는 막다른 골목에 이를 것이다. 거기에는 더 이상 기회가 남아 있지 않을 것이다. 이런 일은 과거에도 수없이 일어났었다. 당신은 여기에 처음 온 게 아니다. 이미 수없이 많이 태어났고 죽었다. 그때마다 마음은 똑같은 속임수를 썼지만, 당신은 아직 어떤 것도 배우지 못했다.

완전하게 살기

알렉산더 대왕이 디오게네스를 만나다

알렉산더 대왕은 인도로 오다가 이상한 남자를 만났다. 그는 디오게네스였다. 때는 겨울 아침이었다. 서늘한 산들바람이 불고 있었고, 디오게네스는 옷을 벗은 채로 강변에 누워서 일광욕을 즐기고 있었다. 그는 아름다운 사람이었다. 아름다운 영혼이 있을 때, 이 세상의 것이 아닌 아름다움이 떠오른다.

그는 아무것도 가지고 있지 않았다. 심지어 동냥 그릇조차 없었다. 이런 일이 있었다. 어느 날 그는 동냥 그릇에 마실 물을 담으려고 강을 향해 걷고 있다가, 개 한 마리가 강을 향해 달려가는 것을 보았다. 개는 강으로 뛰어들어 물을 마셨다. 디오게네스는 웃음을 터뜨리며 말했다. "이 개가 나에게 가르침을 주는구나. 이 개가 동냥 그릇 없이도 살 수 있다면, 나는 왜 못하겠는가?" 그는 동냥 그

룻을 던져 버리고 개가 했던 것처럼 강으로 뛰어들어 물을 마셨다. 그 뒤로 그는 아무것도 소유하지 않았다.

알렉산더 대왕은 그처럼 우아한 사람, 그처럼 순전한 아름다움, 미지의 것에서 비롯한 어떤 것을 본 적이 없었다. 그는 경외심을 느끼며 말했다. "선생님," 그는 누군가를 선생님이라고 불러 본 적이 여태 한 번도 없었다. "선생님, 나는 당신의 존재에 깊은 감명을 받았습니다. 당신을 위해 뭔가를 하고 싶습니다. 내가 당신을 위해 할 수 있는 일이 있을까요?"

디오게네스가 말했다. "그냥 옆으로 조금만 비켜 주십시오. 당신이 해를 가리고 있군요. 그뿐입니다. 아무것도 필요하지 않습니다."

알렉산더 대왕이 말했다. "만약 이 땅에 다시 태어날 기회를 갖는다면, 나를 다시 알렉산더로 만드는 대신 디오게네스로 만들어 달라고 신에게 부탁하겠습니다."

디오게네스는 웃으며 말했다. "누가 지금 당신을 가로막고 있습니까? 당신은 디오게네스가 될 수 있습니다. 당신은 어디로 가고 있습니까? 몇 달 동안 군대가 이동하는 것을 보았습니다. 당신은 어디로 가고 있습니까? 무엇을 위해서?"

알렉산더가 말했다. "나는 세계를 정복하기 위해서 인도로 가는 중입니다."

"그 다음에는 무엇을 하려 하십니까?" 하고 디오게네스가 물었다. 알렉산더는 말했다. "그 다음에는 쉬겠습니다."

디오게네스가 다시 웃으며 말했다. "당신은 미쳤군요. 보세요, 나는 세상을 정복하지 않았지만 지금 쉬고 있습니다. 세상을 정복할 필요가 어디에 있는지 모르겠습니다. 누가 쉬기 전에 세계를 정복해야 한다고 당신에게 말하던가요? 만약 당신이 지금 쉬지 않는다면, 앞으로도 결코 쉬지 않을 것입니다. 무엇인가는 항상 정복되지 않은 채로 남아 있을 것입니다. 그리고 시간은 흘러갑니다. 당신은 자신의 여정 중에 죽을 것입니다. 모든 사람이 여정 중에 죽습니다."

그리고 알렉산더는 도중에 죽었다. 인도에서 돌아오던 길에 죽었다. 그날 그는 디오게네스를 떠올렸다. 그의 마음속에는 디오게네스밖에 없었다. 그는 평생 쉴 수가 없었지만, 디오게네스는 쉬었다.

추구

모든 용기를 모아 뛰어내려라. 당신은 여전히 존재할 것이다. 당신은 예전의 존재 방식과 연결시킬 수 없는 새로운 방식으로 존재할 것이다. 그것은 단절일 것이다. 예전의 존재 방식은 매우 여리고, 매우 작고, 매우 초라하지만, 새로운 존재 방식은 매우 광대하다. 당신은 하나의 작은 이슬방울로부터 거대한 바다가 되었다. 그러나 연꽃잎에서 미끌어져 떨어지는 이슬방울은 잠시 파르르 떨며 조금 더 붙어 있으려고 한다. 왜냐하면 그는 바다를 볼 수 있기 때문이다. 연꽃잎에서 한번 떨어지면, 그는 사라진다. 그렇다, 그는 존재하지 않을 것이다. 이슬방울로서의 그는 사라질 것이다. 하지만 그것은 상실이 아니다. 그는 바다로 존재할 것이다.

모든 바다는 유한하나 존재의 바다는 무한하다.

추구

신의 집을 찾아서

나는 라빈드라나트 타고르의 아름다운 시에 대해 여러 번 얘기했었다. 시인은 수없이 많은 생애를 거치며 신을 찾고 있었다. 때때로 그는 저 멀리, 어느 별 가까이에 있는 신을 보고서 그곳을 향해 가기 시작했다. 하지만 그 별에 도착하면 신은 다른 어느 곳으로 가버리고 없었다. 그는 계속해서 신을 찾고 또 찾았다. 그는 신의 집을 찾고야 말겠다고 마음먹었다. 그러던 어느 날 어느 집에 도착했는데, 너무나 놀랍게도 그 집의 문에는 정말로 '신의 집'이라고 쓰여 있었다.

그가 얼마나 흥분했을지, 얼마나 기뻐했을지 짐작할 수 있을 것이다. 단걸음에 계단을 올라가 막 문을 두드리려는 순간, 갑자기 그의 손이 얼어붙었다. 그에게 한 생각이 떠올랐다. "만약 여기가 정말로 신의 집이라면, 나도 끝나고 나의 추구도 끝날 것이다. 나의 존재는 나의 추구와 분리될 수 없게 되었다. 나는 추구 말고는 아무 것도 알지 못한다. 만약 문이 열리고 내가 신을 마주한다면, 나의 추구는 끝날 것이다. 그러고 나면 어떻게 되지?”

두려움으로 부들부들 떨기 시작한 그는 신발을 벗어 들고 아름다운 대리석 계단을 도로 내려왔다. 그는 문을 두드리지 않았지만 신이 먼저 문을 열지도 모른다고 생각하여 두려웠던 것이다. 그래서 그는 온 힘을 다해 달아났다. 그는 자신이 온 힘을 다해 신을 향해 달리고 있다고 생각하고 있었지만, 오늘은 뒤도 돌아보지 않고 온 힘을 다해 달아나고 있다.

시는 이렇게 끝난다. “나는 여전히 신을 찾고 있다. 나는 그분의 집을 알고 있다. 그래서 그곳은 피하면서 그 밖의 다른 모든 곳을 찾고 있다. 그 흥분은 대단하며, 그 도전은 대단한 것이다. 그리고 나는 이처럼 추구하면서 계속 존재하고 있다. 신은 위험하다. 나는 소멸될 것이다. 하지만 이제 나는 신조차 두려워하지 않는다. 신이 어디에 사는지 알기 때문이다. 그래서 나는 그의 집은 제쳐 두고, 온 우주를 돌아다니며 신을 찾고 있다. 내면 깊은 곳에서 나는 알고 있다. 나의 추구는 신을 찾기 위한 것이 아님을, 나의 추구는 자아를 키우기 위한 것임을……”

타고르는 평범한 종교인이 아니다. 그러나 대단한 경험을 한 종교적인 사람만이 이런 시를 쓸 수 있다. 그것은 평범한 시가 아니다. 위대한 진실을 담고 있다.

상황은 다음과 같다. 더없는 행복은 당신이 존재하도록 허용하지 않는다. 당신은 사라져야 한다. 더없이 행복한 사람이 세상에 많지 않은 것은 이 때문이다. 불행은 당신의 자아를 키운다. 불행한 사람이 세상에 그리도 많은 것은 이 때문이다. 기본적인, 중심적인 핵심은 바로 자아다.

궁극의 진리를 깨닫기 위해서는 대가를 치러야 한다. 그 대가란 바로 자아를 내려놓는 것이다. 그러므로 그 순간이 오면 주저하지 말라. 춤추듯이 사라져라…… 크게 웃으며 사라져라. 노래를 부르며 사라져라.

47

희망

사랑의 기쁨은 오로지 당신이 홀로 있음의 기쁨을 알 때만 가능하다. 그때에야 당신은 나눌 것을 갖게 되기 때문이다. 두 명의 거지가 만나서 서로 집착한다면 그들은 행복할 수가 없다. 그들은 서로에게 불행만을 만들 것이다. 그들은 각자 "상대방이 나를 충족시켜 줄거야."라고 헛되이 바랄 것이기 때문이다. 상대방도 똑같이 바랄 것이다. 그들은 서로를 충족시킬 수 없다. 그들은 둘 다 장님이다. 서로를 도울 수 없다.

희망

숲에서 길을 잃다

나는 밀림에서 길을 잃은 사냥꾼에 관한 이야기를 들었다. 사흘 동안 밀림 속에 있었지만, 빠져나갈 길을 물어볼 사람을 아무도 만나지 못해 그는 점점 더 두려움에 휩싸였다. 사흘 동안 아무것도 먹지 못했고 야생 동물에 대한 두려움에 계속 떨었다. 공격을 받을지도 모른다는 두려움 때문에 잠도 자지 못하고 줄곧 나무 위에 앉아 있었다. 밀림에는 독사들이 있었고 사자들이 있었으며, 다른 야생 동물들도 있었다. 나흘째가 되던 날 이른 아침, 그는 나무 아래에 앉아 있는 한 남자를 보았다. 그가 얼마나 기뻐했을지 상상할 수 있을 것이다. 그는 남자에게로 달려가 끌어안고서 말했다. "당신을 만나 너무 기뻐요!" 그러자 상대도 그를 껴안았고, 두 사람은 말할 수 없이 행복해 했다. 잠시 후 그들은 서로에게 "당신은 왜 그렇게 기뻐하나요?"라고 물어보았다. 첫 번째 남자가 말했다. "나는 길을 잃었고, 누군가 만나기를 기다리고 있었어요." 다른 남자가 말했다. "나도 길을 잃었고, 누군가 만나기를 기다리고 있었어요. 그런데 만약 우리 둘 다 길을 잃은 것이라면 이 기쁨은 어리석은 것이군요. 이제 우리는 함께 길을 잃을 겁니다."

이런 일이 일어나고 있다. 당신은 외롭고, 상대도 외롭다. 이제 당신은 누군가를 만난다. 먼저 밀월 기간이 온다. 당신은 이제 누군가를 만났으니 더 이상 외롭지 않을 것이라고 생각하여 몹시 기뻐한다. 하지만 사흘 내에, 혹은 만약 당신이 총명하다면, 세 시간 이내에…… 그것은 당신이 얼마나 총명한가에 달려 있다. 만약 당신이 어리석다면 상황을 알아차리지 못할 테니, 시간이 더 오래 걸릴 것이다. 총명한 사람이라면 3분 만에 즉시 알아차릴 수 있다. "우리가 지금 뭘 하려는 거지? 그런 일은 일어나지 않을 거야. 상대도 나처럼 외로워. 이제 우리는 함께 산다면 두 외로움이 함께 하는 게 되겠지. 두 상처는 서로가 치유되도록 도울 수 없어."

우리는 서로의 일부다. 누구도 섬이 아니다. 우리는 보이지 않지만 무한한 대륙에 속해 있다. 우리의 존재에는 경계가 없다.

하지만 그런 경험들은 자기를 실현하고 있는 사람, 자기 자신을 너무나 사랑하여 눈을 감고 홀로 있으면서도 지극히 행복할 수 있는 사람에게만 일어난다. 그것이 명상이다.

명상은 혼자이면서 행복한 것을 의미한다. 만약 당신이 혼자이면서 행복해진다면, 곧 그 희열은 당신이 남을 수 없을 만큼 기릴 것이다. 그것은 당신에게서 흘러넘치기 시작한다. 그리고 그것이 흘러넘치기 시작할 때, 사랑이 된다. 명상은 사랑이 일어나도록 허용하는 것이다. 그리고 명상을 알지 못하는 사람은 결코 사랑을 알지 못한다. 그들은 사랑하는 척 가장하겠지만 사랑할 수가 없다. 그들은 단지 그런 척 가장할 뿐이다. 그들에게는 줄 것이 없다. 그들은 흘러넘치지 않기 때문이다.

사랑은 나누는 것이다. 그러나 나눌 수 있기 전에 먼저 당신이 그것을 가져야 한다! 명상이 우선되어야 한다. 명상은 중심이며, 사랑은 그 주변이다. 명상이 불꽃이면, 사랑은 그 광채다. 명상이 꽃이면, 사랑은 그 향기다.

48

도전

괴로움이란 단지 만물이 당신의 바람에 들어맞지 않는다는 것을 의미한다. 그런데 만물은 결코 당신의 바람에 들어맞지 않는다. 그럴 수가 없다. 만물은 그저 자기의 본성을 따를 뿐이다.

노자는 이 본성을 도(道)라고 부른다. 붓다는 이 본성을 법(法)이라고 한다. 마하비르는 종교를 '만물의 본성'이라고 정의했다. 어떤 것도 이루어질 수 없다. 불은 뜨겁고 물은 차갑다. 현명한 자는 만물의 본성을 따르며, 만물의 본성과 더불어 편히 쉬는 사람이다.

당신이 만물의 본성을 따른다면, 그림자가 드리워지지 않는다. 괴로움이 없다. 그때는 슬픔조차 빛나며, 슬픔조차 아름다움을 갖는다. 슬픔이 오지 않는다는 말이 아니다. 슬픔은 올 것이지만, 그것은 당신의 적이 아니다. 당신은 슬픔과 친구가 될 것이다. 슬픔이 필요함을 알 것이기 때문이다. 당신은 슬픔의 우아함을 볼 수 있을 것이며, 슬픔이 왜 있는지, 슬픔이 왜 필요한지 알 수 있을 것이다.

도전

농부와 밀에 관한 우화

나는 옛날 우화를 하나 들었다. 이 이야기는 매우 오래된 이야기임에 분명하다. 그 시대에는 신이 땅 위에서 살곤 했기 때문이다.

어느 날 한 늙은 농부가 신을 찾아와서 말했다. "아, 당신이 신인가 보군요. 당신이 이 세상을 창조하셨겠지요. 그런데 내가 한마디 얘기 좀 해야겠습니다. 당신은 농부가 아닙니다. 농사에 대해서는 전혀 모르고 있어요. 더 배워야 할 것 같습니다."

신이 말했다. "무엇을 조언하고 싶은가?"

농부는 말했다. "나에게 일 년의 시간을 주세요. 그리고 그 일 년 동안 모든 일이 내 뜻에 따라 이루어지게 한 뒤, 무슨 일이 일어나는지 한번 보세요. 아마 더 이상 가난이란 없을 겁니다!"

신은 그 제안에 기꺼이 응했고 농부에게 일 년을 주었다. 당연히 농부는 가장 좋은 것들만 요구했고, 가장 좋은 것들만 생각했다. 천둥도 없애고, 강한 바람도 없애고, 작물에 피해를 주는 것들도 다 없애 버렸다. 모든 것이 안락하고 편안했다. 그는 매우 행복했디. 밀은 매우 높이 자라고 있었다. 그가 해를 원하면 원하는 만큼 해가 떠 있었고, 비를 원하면 원하는 만큼 비가 내렸다. 이 해는 모든 것이 완벽했고, 수학적으로도 완벽했다.

하지만 밀을 수확하고 나서 보니, 밀 속에 아무것도 없었다. 농부는 너무 놀라 신에게 물었다. "도대체 무슨 일이 일어난 것입니까? 무엇이 잘못 되었나요?"

신이 대답했다. "밀이 허약해진 것은 도전이 없었고, 갈등과 마찰도 없었고 네가 나쁜 것은 모두 피했기 때문이다. 약간의 고생은 반드시 있어야 한다. 폭풍이 필요하고, 천둥과 번개가 필요하다. 그것들은 밀 속의 영혼을 일깨운다."

이 우화의 가치는 대단하다. 만약 당신이 행복하고 행복하고 행복하다면, 행복은 모든 의미를 잃게 될 것이다. 그것은 마치 누군가가 하얀 칠판에 하얀 분필로 글을 쓰는 것과 같을 것이다. 어떤 누구도 그것을 읽을 수 없을 것이다. 검은 칠판에 글을 써야만 글이 분명해진다. 밤도 낮만큼 필요하다. 슬픈 날들도 행복한 날들만큼 필요하다.

나는 이것을 이해라고 말한다. 그것을 이해한다면, 당신은 편안히 이완될 것이다. 그 이완 안에서 순응이 있다. 당신은 말한다. "당신의 뜻이 이루어지이다." 당신은 말한다. "당신이 옳다고 느끼는 것이라면 무엇이든지 하십시오. 만약 오늘 구름이 필요하다면, 저에게 구름을 주십시오. 제 말을 듣지 마십시오. 저의 이해는 하찮습니다. 제가 삶과 그 비밀들에 대해 무엇을 알겠습니까? 제 말을 듣지 마세요! 당신의 뜻대로 행하세요."

그리고 서서히 서서히, 당신이 삶의 리듬을, 이원성과 양극성의 리듬을 더욱더 많이 보게 될수록, 당신은 질문하기를 그친다. 선택하기를 그친다.

이것이 비밀이다. 이 비밀과 더불어 살아가라. 그 아름다움을 보라. 이 비밀과 더불어 살아가라. 그러면 당신은 불현듯 놀라게 될 것이다. 삶의 축복이 얼마나 위대한지! 매 순간 당신에게 얼마나 많은 축복이 부어지고 있는지!

49

사랑

기억하라. 씨앗은 결코 위험에 빠지지 않는다. 씨앗에게 어떤 위험이 있을 수 있겠는가? 씨앗은 완벽하게 보호받고 있다. 하지만 식물은 언제나 위험에 노출되어 있다. 식물은 매우 부드럽다.

씨앗은 돌과 같이 단단하며 딱딱한 껍질 속에 숨겨져 있다. 그러나 식물은 1001가지의 위험을 통과해야 한다. 그리고 모든 식물이 꽃으로 피어날 수 있는, 1001개의 꽃들로 피어날 수 있는 높이까지 자라지는 못할 것이다. 극소수의 인간만이 두 번째 단계에 도달하고, 두 번째 단계에 도달한 사람들 가운데 극소수만이 세 번째 단계, 즉 꽃을 피우는 단계에 도달한다. 왜 그들은 세 번째 단계, 꽃을 피우는 단계에 도달할 수 없는가? 탐욕 때문에, 인색함 때문에 그들은 나눌 준비가 되어 있지 않다. 사랑하지 않기 때문에…….

식물이 되려면 용기가 필요하다. 그리고 꽃이 되기 위해서는 사랑이 필요하다. 꽃이란 나무가 그 가슴을 열었다는 것을, 그 향기를 내보내고 있다는 것을, 그 영혼을 주고 있다는 것을, 그의 존재를 존재에게 쏟아 붓고 있다는 것을 의미한다. 씨앗으로 남아 있지 말라. 용기를 내라. 자아를 내려놓을 용기, 보호막을 내려놓을 용기, 안전을 내려놓을 용기, 상처받을 용기를…….

사랑

세 아들에 대한 왕의 도전

훌륭한 왕에게 세 아들이 있었다. 왕은 그 가운데 한 왕자를 후계자로 선택하고 싶었다. 세 아들 모두 매우 총명하고 용감했기 때문에 한 명을 결정하기란 매우 어려운 일이었다. 누구를 선택해야 하는가? 그래서 왕은 훌륭한 현자에게 물어보았다. 그는 왕에게 한 가지 방책을 제안했다.

궁전으로 돌아간 왕은 세 아들에게 모이라고 명하였다. 그는 꽃씨가 들어 있는 봉지를 왕자들에게 하나씩 준 뒤, 자신은 곧 여행을 떠날 것이라고 말했다. "아마 몇 년이 걸릴 것이다. 1년, 2년, 3년, 혹은 더 걸릴 수도 있다. 그리고 이것은 너희를 위한 시험이다. 너희는 내가 돌아올 때 이 씨앗들을 내게 돌려주어야 한다. 씨앗을 가장 잘 보호하는 사람이 나의 후계자가 될 것이다." 그러고 나서 긴

여행을 떠났다.

첫째 아들은 쇠로 만들어진 금고에 씨앗들을 넣었다. 왕이 돌아올 때 씨앗들을 고스란히 돌려 드리려고 생각했기 때문이다.

둘째 아들은 생각했다. "형처럼 씨앗들을 금고에 넣어 두면, 씨앗들은 죽어 버릴 것이다. 죽은 씨앗은 씨앗이 아니다. 아버지께서 돌아오시면, '나는 너에게 살아 있는 씨앗을 주었다. 그 씨앗들은 자랄 수 있었다. 하지만 이 씨앗들은 죽었으니 자랄 수가 없다.'라고 말씀하시겠지." 그래서 그는 시장으로 가서 씨앗을 팔아 돈으로 바꾸었다. 그리고 생각했다. "아버지께서 돌아오시면, 시장에 가서 새로운 씨앗들을 사서 형의 씨앗보다 나은 씨앗들로 돌려 드려야겠다."

그러나 셋째 아들이 가장 나았다. 그는 정원으로 가서 씨앗을 여기저기 뿌려 두었다.

3년이 지난 뒤 아버지가 돌아오자, 첫째 아들은 그의 금고를 열었다. 놀랍게도 씨앗들은 모두 죽어 있었다. 그러자 왕이 말했다. "이게 뭐냐? 이게 내가 네게 준 씨앗들이란 말이냐? 그 씨앗들은 자라서 꽃으로 피어날 수 있었고 아름다운 향기를 뿜을 수 있었다. 그런데 이 씨앗들은 고약한 냄새만 나는구나. 이것들은 나의 씨앗이 아니다!"

그는 둘째 아들에게로 갔다. 둘째 아들은 급히 시장으로 달려가 씨앗을 사서 돌아와 말했다. "이것이 그 씨앗입니다." 아버지가 말했다. "네가 형보다는 낫구나. 하지만 내가 기대했던 것에는 못 미친다."

왕은 셋째 아들에게 갔다. 기대도 컸지만 걱정도 그만큼 컸다. "그 애가 어떻게 했을까?" 셋째 아들은 왕을 정원으로 모시고 갔다. 정원에는 수많은 식물들이 꽃을 피우고 있었고, 주위에 헤아릴 수 없이 많은 꽃들이 피어 있었다. "이것들은 아버지께서 주신 씨앗들입니다. 곧 씨앗들을 거두어 아버지께 돌려 드리겠습니다. 마침 씨앗을 거둘 때가 되었군요."

아버지가 말했다. "네가 나의 후계자다. 씨앗을 받으면 이렇게 해야 한다."

50

자비

사람들은 나에게 와서 묻곤 한다. "무엇이 옳고, 무엇이 그른가요?" 나는 이렇게 대답한다. "알아차림이 옳고, 알아차리지 못함이 그르다." 나는 어떤 행동들에 옳고 그르다는 딱지를 붙이지 않는다. 나는 폭력이 잘못이라고 말하지 않는다. 때로는 폭력도 옳을 수 있다. 나는 사랑이 옳다고 얘기하지 않는다. 때로는 사랑도 잘못일 수 있다. 잘못된 사람을 사랑할 수도 있고, 잘못된 목적을 사랑할 수도 있다. 어떤 사람은 자신의 나라를 사랑한다. 그런데 국수주의는 재앙이기에 이것은 잘못이다. 어떤 사람은 자신의 종교를 사랑한다. 그는 그런 사랑 때문에 죽일 수도 있고, 살인할 수도 있으며, 다른 종교의 사원들을 불태울 수도 있다. 사랑이 언제나 옳은 것도 아니고, 화가 언제나 잘못된 것도 아니다.

그렇다면 무엇이 옳고, 무엇이 그른가? 나에게는 알아차림이 옳다. 만약 완전히 알아차리면서 화를 낸다면, 화조차 옳다. 만약 알아차리지 못하면서 사랑하고 있다면, 사랑조차도 옳지 않다. 그러므로 모든 행위에, 모든 생각에, 모든 꿈에 알아차림이 있게 하라. 알아차림이 당신의 존재에 더욱더 스며들게 하라. 알아차림으로 충만해져라. 그러면 무엇을 하든지 그것은 선행이다. 그러면 무엇을 하든지 그것은 좋은 것이다. 그러면 무엇을 하든지 그것은 당신에게 축복이며, 당신이 사는 세상에 축복이다.

자비

예수와 환전업자

예수 생애에 일어났던 일을 들려주고 싶다. 예수는 채찍을 들고 예루살렘의 대사원으로 들어갔다. 손에 채찍을 든 예수……? 이것은 "상처 입지 않은 손이 독을 다룰 수 있다."라는 붓다의 말이 의미하는 바다. 그렇다. 예수는 채찍을 사용할 수 있다. 아무런 문제가 없다. 채찍은 예수를 압도할 수 없다. 그는 언제나 알아차리고 있었으며, 그의 의식도 그러했다.

예루살렘의 대사원은 강도들의 소굴이 되었다. 사원 안에는 환전업자들이 있었으며, 그들은 온 나라를 착취하고 있었다. 예수는 홀로 사원으로 들어가서 그들의 탁자를 뒤엎었고 그들의 돈을 내던졌다. 예수가 일으킨 소동이 어찌나 컸던지 환전업자들은 사원 밖으로 대피해야 했다. 그들은 다수였고 예수는 혼자였지만, 그는 그만큼 분노했고 그만큼 불같았다!

자, 이 일은 기독교인들에게 난처한 문제였다. 그것을 어떻게 설
명해야 하나? 왜냐하면 그들은 예수가 평화의 상징인 비둘기임을
입증하기 위해 온갖 노력을 기울였기 때문이다. 어떻게 그런 분이
손에 채찍을 들 수 있지? 어떻게 그분이 환전업자들의 탁자를 뒤엎
고 그들을 사원 밖으로 내쫓을 만큼 그렇게 화를 내고 격분할 수가
있지? 그는 격노했음이 분명하다. 그는 혼자였다. 그들에게 붙잡혔
을 수도 있다.

예수의 힘은 폭풍과도 같았을 것이다. 그들은 감히 똑바로 쳐다
볼 수조차 없었다. 성직자들과 장사꾼들이 모두 밖으로 대피하며
외쳤다. "이 사람은 미쳤다!"

기독교인들은 이 이야기를 회피한다. 하지만 만약 당신이 진실을
이해한다면 회피할 필요가 없다. 예수는 너무나 천진하다! 그는 화
가 난 것이 아니다. 그것은 그의 자비다. 그는 폭력적이지 않다. 그
는 파괴적이지 않다. 그것은 그의 사랑이다. 그의 손에 들린 채찍은
사랑과 자비의 손에 들린 채찍이다.

알아차리는 사람은 알아차림으로 행동한다. 따라서 거기에는 후
회가 없다. 그의 행동은 전체적이다. 그리고 전체적인 행동의 아름
다움 가운데 하나는 그것이 카르마를 만들지 않는다는 것이다. 그

것은 어느 것도 만들지 않는다. 그것은 당신에게 어떤 흔적도 남기지 않는다. 그것은 물 위에 쓰는 글씨와 같다. 그것은 끝내기도 전에 사라진다. 그것은 모래 위에 쓰는 글씨조차도 아니다. 모래 위에 쓰인 글씨는 바람이 불지 않으면 몇 시간 동안 남아 있을 수 있기 때문이다. 그것은 물 위에 쓰는 글씨다.

만약 당신이 전체적으로 알아차릴 수 있다면, 거기에는 아무런 문제가 없다. 당신은 독을 다룰 수 있다. 그러면 그 독은 약으로 작용한다. 현자의 손에서 독은 약이 된다. 바보들의 손에서는 약조차, 감로조차 독으로 변하게 되어 있다. 만약 당신이 천진함으로 행동한다면, 지식이 아니라 어린아이 같은 천진함으로 행동한다면, 당신은 어떠한 해로움도 만날 수 없다. 그것은 어떤 흔적도 남기지 않기 때문이다. 당신은 행동에 상관없이 자유롭다. 당신은 전체적으로 살지만, 어떤 행동도 당신에게 짐을 지우지 않는다.

51

과거를 버리기

용기를 내라. 여행은 이미 시작되었다. 다시 돌아간다 해도 그대는 예전의 해안을 다시 발견하지 못할 것이다. 다시 돌아간다 해도, 예전의 장난감들은 이제 어떤 도움도 되지 못할 것이다. 그것들은 당신에게 끝났다. 그것들이 장난감이라는 것을 알게 될 것이다. 이제 실재가 발견되어야 하고 탐구되어야 한다. 그것은 그리 멀리 있지 않다. 그것은 바로 당신 안에 있다.

과거를 버리기

"죽은 자가 죽은 자를 묻게 하라."

과거에 따라 사는 사람은 지루함과 무의미함을 느끼게 되며, 다음과 같은 고뇌를 하게 된다. "나는 지금 여기서 뭘 하고 있는 걸까? 내가 왜 계속해서 살고 있을까? 내일은 무엇이 있을까? 또다시 오늘이 반복될까? 오늘은 어제의 반복이었어." 무슨 의미가 있는가? 왜 자신을 요람에서 무덤까지 끌고 가는 것일까, 날마다 똑같이 판에 박히게 살면서?

그것은 물소나 당나귀에게는 아주 좋다. 그들에겐 과거에 대한 기억이 없으며, 또한 미래에 대한 계획이 없기 때문이다. 그들은 지루해 하지 않는다. 지루함에는 어떤 의식이 필요하기 때문이다. 이 의식은 당신이 그 일을 이전에 했고, 지금 다시 하고 있으며, 내일도 그 일을 할 것임을 알고 있다. 왜냐하면 당신은 과거로부터 벗어나지 않고, 과거가 죽도록 놓아두지 않으며, 과거를 살아 있게 만들기 때문이다. 이것은 모든 사람이 삶에서 직면하는 딜레마다. 유일한 해결책은 과거가 죽도록 놓아두는 것이다.

여기 예수에 대한 아름다운 이야기가 있다. 어느 날 그는 호숫가에 왔다. 때는 이른 아침이었고 해는 아직 떠오르지 않았다. 한 어부가 그물을 막 호수에 던지려던 참이었다. 예수는 어부의 어깨에 손을 올리며 말했다. "얼마나 오랫동안 이 일을 하려 합니까? 날마다 하루 종일 물고기만 잡으렵니까? 이게 당신에게 주어진 삶의 전부라고 생각합니까?"

어부가 대답했다. "그런 생각은 해 본 적이 없습니다. 하지만 당신의 질문을 듣고 보니 납득이 갑니다. 삶은 그 이상의 것이어야 합니다."

예수가 말했다. "당신이 나를 따른다면, 나는 고기가 아니라 사람을 낚는 법을 알려주겠습니다." 어부는 예수의 눈을 들여다보았다. 더없이 깊고 정직하며 자비로운 그 눈은 이 사람을 의심할 수 없게 만들고, 그의 주변을 감싸고 있는 거대한 침묵은 이 사람의 제안을 거절할 수 없게 만든다. 어부는 그물을 호수에 던져 버리고 예수를 따랐다.

그들이 마을을 떠날 때 어떤 사람이 달려와서 어부에게 말했다.

"오랫동안 편찮으셨던 자네의 부친이 돌아가셨네. 집으로 가세."

어부가 예수에게 말했다. "장례를 치를 수 있게 사흘만 시간을 주십시오. 아버지가 놀아가시면 아들이 장례를 치러야 힙니디."

다음의 이 말을 기억하라. 예수가 어부에게 말했다. "죽은 자가 그들의 죽은 자를 묻게 하십시오. 그냥 나를 따라 오십시오."

이게 무슨 뜻일까? "마을 전체가 죽은 자들로 가득 차 있습니다. 그들이 당신의 죽은 아버지의 장례를 치를 것입니다. 당신은 필요하지 않습니다. 그냥 나를 따라오십시오."

매 순간마다 어떤 것이 죽어 가고 있다. 골동품 수집가가 되지 말라. 죽은 것은 내버려두라. 당신은 삶과 함께 가라. 전체성과 강렬함으로 삶과 함께 흘러가라. 그러면 당신은 어떤 딜레마도, 어떤 문제도 만나지 않을 것이다.

52

회개

누군가에게 뭔가를 잘못했다면, 그 사람을 만나라. 겸손하게 그의 용서를 구하라. 오직 그 사람만이 당신을 용서할 수 있다. 그리고 기억하라. '죄'라는 단어의 뜻은 바로 망각이다. 그러므로 이제 다시 망각하여 같은 일을 되풀이하지 말라. 그렇지 않으면 용서를 구한 일이 무의미해진다. 이제 주의하라. 깨어 있으라. 의식하라. 같은 일을 반복하지 말라. 그 실수를 되풀이하지 않기를 기억하라. 그것은 결심이 되어야 한다. 그러면 당신은 진정으로 회개한 것이다.

만약 당신이 책임을 이해한다면, 회개는 아주 아주 깊은 내면의 현상이 될 수 있다. 그러면 사소한 것이라도, 만약 그것이 회개가 된다면, 말로만 하는 회개가 아니라, 표면에서만 이루어지는 회개가 아니라, 만약 그 회개가 당신의 뿌리까지 깊이 들어간다면, 만약 당신의 모든 존재가 흔들리고 떨리며 울부짖는다면, 눈물이 나온다면, 눈에서만이 아니라 몸의 모든 세포에서 눈물이 흘러나온다면, 그 회개는 변형이 된다.

회개

시블리가 장미를 던질 때

시블리의 이름이 처음으로 알려진 것은 만수르 알 힐라즈가 죽임을 당했을 때였다. 많은 사람들이 과거에 이른바 종교인이라 불리는 사람들에 의해 죽임을 당했다. 예수도 죽임을 당했다. 하지만 만수르처럼 죽임을 당한 사람은 없었다. 먼저 그의 두 다리가 잘렸다. 그는 살아 있었다. 다음에는 두 손이 잘렸다. 그리고 혀가 잘렸고, 눈이 뽑혔다. 그는 아직 살아 있었다. 그는 조각조각 잘렸다. 그런데 만수르는 무슨 죄를 지었을까? 그는 이렇게 말했었다. "아날 하크(An'al Hak)." 이 말의 뜻은 "나는 진리다. 나는 신이다."이다. 우파니샤드의 모든 현자들은 이렇게 선언한다. "아함 브람마스미(Aham Brahmasmi)—나는 브람만이다. 나는 지고의 참나이다." 그러나 회교도들은 이를 용납할 수 없었다.

만수르는 위대한 수피 가운데 하나였다. 그들이 만수르의 손을 자르기 시작했을 때, 만수르는 하늘을 보며 신에게 기도했다. "당신은 저를 속일 수 없습니다. 저는 여기 있는 모든 사람 안에서 당신을 볼 수 있습니다. 당신은 저를 속이려 하십니까? 당신은 살인자로 오셨습니까? 아니면, 적으로 오셨습니까? 하지만 저는 말합니다, 당신께서 어떠한 모습으로 오시더라도 저는 당신을 알아볼 것입니다. 왜냐하면 저는 제 안에 있는 당신을 알아보았기 때문입니다. 이제는 저를 속일 수 없습니다."

시블리는 만수르의 동료이자 친구였다. 사람들이 만수르를 조롱하며 돌과 진흙을 던지고 있었는데, 시블리도 그곳에 서 있었다. 만수르는 웃고 있었고 미소 짓고 있었다. 그런데 갑자기 그는 울면서 흐느끼기 시작했다. 시블리가 그에게 장미 한 송이를 던졌기 때문이다. 누군가가 물었다. "대체 무슨 일인가? 사람들이 던진 돌에 맞으면서도 자네는 웃고 있었네. 미친 것 아닌가? 시블리는 장미 한 송이를 던졌을 뿐이네. 그런데 왜 울며 흐느끼는가?"

만수르가 대답했다. "돌을 던지는 사람들은 자신이 무엇을 하는지 모르고 있습니다. 하지만 시블리는 알고 있습니다. 그는 신에게 용서받기 어렵습니다." 또 말했다. "다른 사람들은 모르면서 그러고 있기에 용서를 받을 것입니다. 그들은 그럴 수밖에 없습니다. 그들은 눈이 멀어 그렇게 합니다. 하지만 시블리는 아는 사람입니다. 그래서 나는 시블리 때문에 울며 흐느끼는 것입니다. 여기에서 죄를 짓고 있는 사람은 시블리뿐입니다."

만수르의 이 말은 시블리를 완전히 변화시켰다. 그는 코란과 경전들을 집어 던지며 말했다. "지식은 모두 쓸모없다. 그런데 이 모든 경전들은 나에게 이것조차 이해시키지 못했다. 이제 나는 올바른 지식을 구할 것이다." 나중에 누군가가 왜 꽃을 던졌느냐고 묻자, 시블리는 이렇게 대답했다. "군중들이 두려웠습니다. 만약 제가 아무것도 던지지 않는다면, 사람들은 내가 만수르의 단체에 속해 있다고 생각하고는 내게 폭력을 가했을지도 모릅니다. 그래서 꽃을 던졌습니다. 타협이었지요. 만수르가 옳았습니다. 그는 나의 두려움과 나약함 때문에 울었습니다. 내가 군중과 타협하고 있었기에 울었습니다." 그러나 시블리는 이해했다. 만수르의 울음이 변화를 일으켰다.

53

놀이

당신의 마음은 끝없이 계속해서 놀이를 한다. 이 모든 것은 비어 있는 방에서 꾸는 꿈과 같다. 명상을 하는 동안에는 장난치며 뛰노는 마음을 바라보아야 한다. 그것은 마치 어린아이가 넘치는 에너지로 장난치며 뛰어노는 것과 같다. 그뿐이다. 생각들은 통통 뛰어오르고 장난치며 뛰어놀 뿐이다. 그것들을 심각하게 여기지 말라. 나쁜 생각이 일어나더라도 죄책감을 느끼지 말라. 또는 매우 훌륭한 생각이 일어나더라도, 인류를 위해 봉사하고 온 세상을 멋지게 바꾸며 지상에 천국을 가져오겠다는 훌륭한 생각이 일어나더라도, 에고를 너무 많이 개입시키지 말라. 자신이 대단하다고 여기지 말라. 이것은 단지 장난치는 마음일 뿐이다. 마음은 때때로 위축되고 때로는 우쭐해진다. 그것은 단지 수많은 모양과 형태를 취하는, 넘쳐흐르는 에너지일 뿐이다.

놀이

아르주나에 대한 크리슈나의 도전

놀이의 차원은 당신의 삶 전체에 적용되어야 한다. 무슨 일을 하든지, 결과에 관심 두지 말고 전적으로 몰입하여 그 행동을 하라. 결과는 올 것이다. 결과는 오게 되어 있다. 그러나 그것은 당신의 마음과 상관이 없다. 당신은 놀이하고 있다. 즐기고 있다.

바가바드 기타에는 큰 전쟁인 마하바라타가 기록되어 있다. 이 전쟁을 하는 동안에 크리슈나는 제자인 아르주나에게 미래를 신의 손에 맡기라고 말한다. 이 말은 그것을 의미한다. "너의 행동의 결과는 신의 손 안에 있다. 너는 그저 행하라." 이 '그저 행함'은 놀이가 된다. 아르주나는 이 점을 이해하기 힘들다. 그래서 만약 이것이 놀이일 뿐이라면 왜 사람을 죽이고 왜 싸우느냐고 묻는다. 하지만 크리슈나의 삶 전체는 그저 놀이일 뿐이다. 당신은 크리슈나처럼 심각하지 않은 사람을 어디에서도 발견할 수 없을 것이다. 그의 삶 전체는 그저 하나의 놀이이자 게임이며 드라마다. 그는 모든 것을 즐기지만 그것에 대해 심각해 하지 않는다. 크리슈나는 그것을 집중적으로 즐기지만 결과에 대해 걱정하지 않는다. 무슨 일이 일어나든 상관이 없다.

아르주나는 크리슈나를 이해하기 힘들다. 아르주나는 계산을 하고 결과를 생각하기 때문이다. 그는 바가바드 기타의 서두에 이렇게 말한다.

"이 모든 것이 불합리해 보입니다. 제 친구들과 친척들이 양쪽으로 갈려서 싸우려 하고 있습니다. 누가 이기더라도 그것은 손실일 것입니다. 저의 가족과 친척, 친구들이 죽을 것이기 때문입니다. 설령 제가 이긴다 하여도 그것은 아무런 가치가 없을 것입니다. 저의 승리를 누구에게 보여 주겠습니까? 승리는 친구들과 친척들, 가족이 즐길 때 의미가 있습니다. 하지만 아무도 남아 있지 않을 것이며, 승리는 시체들 위에서 이루어질 것입니다. 누가 그것을 평가해 주겠습니까? 누가 '아르주나여, 네가 위대한 행위를 하였구나.'라고 말해 주겠습니까? 그러므로 제가 이기건 지건, 그것은 바보 같은 짓입니다. 이 모든 것은 아무런 의미가 없습니다." 그는 떠나기를 원한다. 그는 매우 심각하다. 결과를 계산하는 사람은 그처럼 심각해질 것이다.

　바가바드 기타의 배경은 독특하다. 전쟁은 가장 심각한 사건이
다. 전쟁을 놀이삼아 할 수는 없다. 전쟁에는 수많은 목숨이 관련되
어 있기 때문이다. 전쟁을 놀이삼아 할 수는 없다. 그런데 크리슈나
는 그런 상황 속에서도 놀이를 할 수 있다고 주장한다. 마지막에 무
슨 일이 일어날지에 대해서는 생각하지 말고, 그저 지금 여기에 있
어라. 당신은 전사이며 놀이를 하고 있다. 결과에 대해서는 걱정하
지 말라. 결과는 신의 손 안에 있기 때문이다. 심지어 결과가 신의
손 안에 있는지 여부도 중요하지 않다. 핵심은 결과가 당신의 손 안
에 있지 않다는 것이다. 결과에 대해 염려하지 않아야 한다. 만약
당신이 결과에 대해 염려한다면, 당신의 삶은 명상적이 될 수 없다.

한 곳에 집중하기

마음은 매우 교활해서 정반대의 외투 속으로 숨을 수 있다. 방종하던 마음이 금욕주의로 바뀔 수 있고, 물질주의자가 영성주의자로 바뀔 수 있으며, 현세적인 마음이 내세적인 마음으로 바뀔 수 있다. 하지만 마음은 마음이다. 당신이 세상을 좋아하건 싫어하건 당신은 여전히 마음속에 갇혀 있다. 좋아하거나 싫어하는 것은 둘 다 마음의 일부이다.

마음이 사라질 때, 마음은 선택 없는 알아차림 안에서 사라진다. 당신이 선택하기를 멈출 때, 당신이 좋아하지도 싫어하지도 않을 때, 마음은 중도에서 멈추고 있다. 하나의 선택은 왼쪽으로 데려가는데, 그것은 하나의 극단이다. 다른 선택은 오른쪽으로 데려가는데, 그것은 다른 극단이다. 만약 당신이 선택하지 않는다면, 당신은 정확히 중간에 있다. 그것은 이완이며 휴식이다. 당신은 선택하지 않고 집착하지 않게 된다. 선택하지 않고 집착하지 않는 그 상태에서는 당신의 존재 안에 깊이 잠재되어 있던 지성이 올라온다. 당신은 자신에게 빛이 된다.

한 곳에 집중하기

사라하와 화살 만드는 여인

탄트라를 창시한 사라하는 마하팔라 왕의 신하로서 학식이 높았던 브람민의 아들이었다. 왕은 자신의 딸을 사라하에게 주려고 했지만, 사라하는 모든 것과 인연을 끊고 출가하기를 원했다. 그는 산야신이 되기를 원했다. 사라하가 몹시 아름답고 총명하며 잘생긴 청년이었기에 왕은 그를 설득하려 했지만, 사라하는 고집을 꺾지 않았다. 마침내 허락을 받은 그는 슈리 키르티의 제자가 되었다.

슈리 키르티는 맨 먼저 그에게 말했다. "베다에 대한 너의 지식, 이제까지 네가 배운 것, 그 모든 하찮은 것들을 모두 잊어라." 그에게는 힘든 일이었지만 그는 어떤 대가라도 치를 준비가 되어 있었다. 여러 해가 지나면서 점차 그는 그동안 배운 것을 모두 지우게 되었다. 그는 위대한 명상가가 되었다.

어느 날 명상을 하던 사라하는 갑자기 어떤 환영을 보았다. 그 환영 속에서 그는 시장에 있는 어느 여인을 보았는데, 그녀는 그의 진정한 스승이 될 사람이었다. 그는 시장으로 갔다. 그는 생동감 넘치며 생명을 뿜어내고 있는 이 젊은 여인을 보았다. 그녀는 화살을 다듬고 있었는데, 좌도 우도 돌아보지 않고 화살을 만드는 일에 완전히 몰입되어 있었다. 그는 즉시 그녀의 현존 안에서 비범한 어떤 것, 한 번도 경험해 보지 못한 어떤 것을 느꼈다. 대단히 신선하며 근원에서 나오는 어떤 것. 화살이 준비되었다. 여인은 한쪽 눈을 감고서 보이지 않는 과녁을 겨냥하는 듯한 자세를 취했다.

그리고 교감 같은 어떤 일이 일어났다. 사라하는 전에는 이런 느낌을 느껴 본 적이 없었다. 그 순간, 그녀가 취하고 있던 행위의 영적인 의미가 그에게 이해되었다. 왼쪽을 바라보지 않고 오른쪽도 바라보지 않고, 중앙을 바라보는 것.

양끝을 피하고 중앙에 있으라고 한 붓다의 말이 처음으로 이해되었다. 우리는 진자처럼 왼쪽에서 오른쪽으로, 오른쪽에서 왼쪽으로 움직일 수 있다. 중앙에 있다는 것은 진자가 오른쪽이나 왼쪽으로 움직이지 않고 중간에서 멈추어 있다는 것을 의미한다. 그러면 시계가 멈추고, 세계가 멈춘다. 그러면 더 이상 시간이 없다. 시간이 없는 상태가 된다.

그는 슈리 키르티에게서 그 말을 수없이 많이 들었다. 그것에 관해 글도 읽었고, 곰곰이 생각도 해 보았고, 숙고도 해 보았다. 다른 사람들과 그것에 관해 토론하면서 중앙에 있는 것이 옳다고 주장하기도 했다. 그런데 처음으로 행동 속에서 그것을 보았다. 그녀는 오른쪽도 보지 않고 왼쪽도 보지 않았으며, 중앙에 집중하며 오로지 중앙만을 보고 있었다.

중앙은 초월이 일어나는 지점이다. 중앙에 대해 생각하고, 중앙에 대해 숙고하며, 생활 속에서 중앙을 지켜보라.

55

성

성(性)은 그 안에 위대한 비밀을 간직하고 있다. 명상을 하면 알 수 있는 첫 번째 비밀은 성이 사라지기 때문에 기쁨이 온다는 것이다. 그리고 당신이 그 기쁨의 순간 속에 있을 때마다 시간도 사라진다. 만약 당신이 그것에 대해 명상한다면, 마음도 사라진다. 이것은 명상의 특성들이다.

내가 관찰한 바에 따르면, 세상에서 명상에 대한 첫 일별은 성관계를 통해 왔을 것이다. 다른 길이 없다. 명상은 성관계를 통해서 처음 생활 속으로 들어왔을 것이다. 이것은 가장 명상적인 현상이기 때문이다. 이 점을 이해한다면, 그 속으로 깊이 들어간다면, 그것을 마약처럼 사용하지 않는다면, 그렇다. 그리고 서서히, 서서히 이해가 더욱 자라면서, 갈망이 사라지다가 어느 날 커다란 자유가 온다. 그때는 성이 더 이상 당신을 따라다니거나 괴롭히지 않는다. 그러면 당신은 고요하고 침묵하며, 순전히 자기 자신으로 존재한다. 더 이상 상대를 필요로 하지 않게 된다. 그러면서도 그러기를 선택한다면 성관계를 할 수 있지만, 그것을 필요로 하지는 않는다. 그러면 그것은 일종의 나눔일 것이다.

성

마하무드라의 원

두 연인이 깊은 성적 오르가즘 속에 있을 때, 그들은 서로 안으로 녹아든다. 그때 여성은 더 이상 여성이 아니며, 남성은 더 이상 남성이 아니다. 그들은 음양의 원과 같이 되며 서로 속으로 도달하고, 서로 안에서 만나며, 녹아들며, 그들의 정체성은 잊혀진다. 사랑이 그렇게 아름다운 것은 이 때문이다. 이 상태를 '무드라'라고 한다. 이 깊은 오르가즘 상태를 무드라라고 한다. 그리고 전체와의 오르가즘의 마지막 상태를 '마하무드라'라고 하는데, 거대한 오르가즘이라는 뜻이다.

오르가즘은 당신의 몸이 더 이상 물질로 느껴지지 않는 상태다. 몸은 에너지나 전기처럼 진동한다. 그것은 밑바탕부터 매우 깊이 진동하므로 당신은 몸이 물질적인 것이라는 것을 완전히 잊는다.

그것은 전기적인 현상이 된다. 그리고 그것은 전기적인 현상이다. 이제 물리학자들은 물질이 없다고, 모든 물질은 겉모습일 뿐이라고, 깊이 내려가면 물질이 아니라 전기가 존재한다고 말한다. 오르 가즘 속에서 당신은 몸의 이 깊은 층에 이른다. 그곳에는 더 이상 물질이 존재하지 않는다. 오직 에너지만 파동 칠 뿐이다. 당신은 춤추는 에너지가 되어 진동한다. 당신에게는 더 이상 어떤 경계도 없다. 진동할 뿐 더 이상 물질적이지 않다. 당신의 연인도 진동한다.

그리고 머지않아, 만약 서로를 사랑한다면, 서로에게 내맡긴다면, 맥동하는, 진동하는, 에너지인 이 순간에 내맡긴다면, 그들은 두려워하지 않게 된다.

몸이 경계들을 잃을 때, 몸이 증기 같은 것이 될 때, 물질인 몸이 증발하고 오직 에너지만 남을 때, 매우 미묘한 리듬이 남을 때, 그것은 죽음과 같아서 당신은 자신이 아닌 것처럼 느낀다. 깊은 사랑 속에서만 그 속으로 들어갈 수 있다. 사랑은 죽음과 같다. 물질적인 이미지에 관한 한, 당신은 죽는다. 자신이 몸이라고 생각하는 한, 당신은 죽는다. 당신은 몸으로서 죽고, 당신은 에너지로, 생명 에너지로 진화한다.

아내와 남편, 또는 연인들이 하나의 리듬 안에서 진동하기 시작할 때, 그들의 심장 박동과 몸은 하나가 되며 조화로워진다. 그러면 오르가즘이 일어나며 그들은 더 이상 둘이 아니다. 그것은 음양의 상징이다. 밖 안으로 들어가는 음, 음 안으로 들어가는 양. 여성 안으로 들어가는 남성, 남성 안으로 들어가는 여성. 이제 그들은 하나의 원이며 함께 진동하고 함께 맥동한다. 그들의 심장은 더 이상 분리되어 있지 않으며, 그들의 박동은 더 이상 분리되어 있지 않다. 그들은 하나의 멜로디가 되고 화음이 된다. 그것은 가장 위대한 음악이다. 그 음악에 비하면 다른 음악들은 희미한 것들에 불과하며, 어렴풋한 것들에 지나지 않는다.

둘이 하나로서 진동하는 이것이 오르가즘이다. 그와 같은 것이 다른 사람이 아니라 존재 전체와 함께 일어날 때, 그것이 마하무드라다. 그것은 위대한 오르가즘이다.

56

헌신

헌신은 존재 속으로 녹아들어 합쳐지는 것이다. 그것은 순례 여행이 아니다. 그것은 존재로부터 당신을 분리하고 있는 모든 경계들을 잃는 것이다. 그것은 연애 사건이다.

사랑은 개인의 합일이며, 두 가슴의 깊은 친밀함이다. 그 친밀함이 너무나 깊어서 두 가슴은 동일한 화음으로 춤을 추기 시작한다. 비록 가슴은 둘이지만, 화음은 하나이고, 음악도 하나이며, 춤도 하나다. 사랑이 개인 사이에 있는 것이라면, 헌신은 개인과 존재 전체 사이에 있는 것이다. 그는 바다의 파도 안에서 춤을 추고, 햇살 속에서 춤추고 있는 나무들 안에서 춤을 추며, 별들과 함께 춤을 춘다. 그의 가슴은 꽃들의 향기에, 새들의 노랫소리에, 밤의 고요에 반응한다. 헌신은 개인성의 죽음이다. 당신 안에 있는 죽을 것들을 당신은 스스로 떨어뜨린다. 오직 불멸의 것만 남는다. 영원한 것만 남는다. 죽음 없는 것만 남는다. 당연히 죽음 없는 것은 존재로부터 분리될 수 없다. 존재는 죽음이 없으며, 언제나 계속되며, 시작도 끝도 알지 못한다.

헌신은 가장 높은 형태의 사랑이다.

헌신

미라가 사원에서 춤을 추다

예수는 "신은 사랑이다."라고 말했다. 만약 여성이 그 말을 했다면, 그녀는 "사랑은 신이다."라고 말했을 것이다. 신은 이차적인 것이다. 신은 마음이 만들어낸 추측이다. 그러나 사랑은 모든 가슴 속에서 고동치고 있는 실재이다.

우리는 미라 같은 사람들을 보아 왔다. 하지만 매우 용감한 여성들만이 억압적인 사회 체제에서 벗어날 수 있다. 그녀가 그럴 수 있었던 것은 왕비였기 때문이다. 미라가 거리에서 춤추고 노래를 부르자 그녀의 가족은 그녀를 죽이려고 했다. 가족은 그런 행위를 용납할 수가 없었다. 특히 인도에서는, 그리고 라자스탄에서는 여자들을 몹시 억압한다. 그런데 미라처럼 아름다운 여성이 거리에서 춤을 추고 기쁨의 노래를 부른다.

크리슈나가 살았던 곳인 브린다반에 한 사원이 있었다. 크리슈나를 기리기 위하여 거대한 사원이 세워졌는데, 그 사원은 여자의 출입을 허락하지 않았다. 여자들은 바깥에서 사원의 세단을 만지는 것까지만 허락되었다. 그들은 안에 있는 크리슈나의 신상을 볼 수가 없었다. 성직자들이 결코 허락하지 않았기 때문이다. 미라가 사원 앞으로 오자, 성직자는 그녀가 사원으로 들어올까 봐 몹시 염려했다.

그래서 검을 든 두 명의 병사를 정문 앞에 배치하여 미라가 들어오지 못하도록 지키게 하였다. 하지만 그녀가 왔을 때, 두 병사는 평생 처음으로 보는 아름다운 모습, 향기로운 미풍, 아름다운 춤, 말로 형언할 수 없는 것을 표현하는 노랫소리에 넋이 나가서 자신이 왜 거기에 서 있는지를 잊어버렸다. 미라는 춤을 추며 사원으로 들어갔다. 그때 성직자는 크리슈나에게 예배를 드리고 있었다. 미라를 보고서 그는 꽃으로 가득한 접시를 바닥에 떨어뜨리고 말았다.

그는 몹시 화가 나서 미라에게 말했다. "당신은 수백 년 동안 이어져 온 규율을 깨뜨렸습니다."

그녀가 물었다. "무슨 규율을 깨뜨렸다는 말인가요?"

성직자가 말했다. "여자는 절대로 여기에 들어올 수 없습니다."

미라가 뭐라고 대답했는지 아는가? 이것이 바로 용기다. 미라는 말했다. "그러면 당신은 어떻게 여기로 들어왔나요? 궁극적인 분, 사랑하는 연인, 그분 말고는 모두가 여자입니다. 당신은 세상에 두 명의 남자가 있다고 생각하나요? 당신과 궁극적인 분? 어리석은 생각일 뿐이에요." 분명 그녀가 옳았다. 사랑으로 가득한 여성은 존재를 사랑하는 연인으로 바라본다. 그리고 존재는 하나다.

57

지혜

우리는 행복하기 위해 태어났다. 그것은 우리의 타고난 권리다. 그러나 사람들은 너무 어리석어 그들의 타고난 권리조차 주장하지 않는다. 그들은 다른 사람이 가진 것에 더 많은 관심을 갖게 되고, 그런 것들을 추구하기 시작한다. 그들은 결코 내면을 들여다보지 않는다. 결코 자기 자신의 집에서 찾지 않는다.

지혜로운 사람은 자기 내면의 존재부터 찾기 시작할 것이다. 먼저 그것을 탐험할 것이다. 내 안에 무엇이 있는지도 모르면서, 어떻게 온 세상을 돌아다니며 찾을 수 있겠는가? 세상은 너무나 광대하다. 그런데 내면을 들여다본 사람들은 즉시, 곧바로 그것을 찾는다. 그것은 점진적인 향상의 문제가 아니다. 갑작스러운 현상이며, 갑작스러운 깨달음이다.

지혜

라비아와 잃어버린 바늘의 수수께끼

나는 위대한 여성 수피 현자였던 라비아 알 아다위아에 대한 이야기를 들었다.

어느 날 저녁, 그녀는 도로에 앉아서 뭔가를 찾고 있었다. 늙어서 눈이 침침했던 그녀는 시력이 몹시 약했다. 그래서 이웃들이 그녀를 도우려고 다가갔다.

그들이 물었다. "무엇을 그렇게 찾고 있나요?"

라비아가 대답했다. "관계없는 질문이군요. 나는 찾고 있어요. 나를 도울 수 있다면 도와 주세요."

그들이 웃으면서 말했다. "라비아, 제정신인가요? 우리의 질문이 관계없는 질문이라니요. 당신이 뭘 찾고 있는지를 모르면 우리가 어떻게 도울 수 있겠어요?"

라비아는 말했다. "좋아요. 당신들이 그렇게 궁금하다면 얘기해 주죠. 나는 바늘을 찾고 있어요. 바늘을 잃어버렸어요."

그들은 돕기 시작했다. 그러나 도로는 너무 넓고 바늘은 너무 작다는 사실을 곧 알게 되었다.

그들은 말했다. "바늘을 어디서 잃어버렸는지 정확한 장소를 말해 주세요. 그렇지 않으면 찾기가 힘들어요. 도로가 너무 넓어서 끝없이 찾아야 할 거예요. 대체 바늘을 어디서 잃어버렸나요?"

라비아가 말했다. "또다시 관계없는 질문을 하는군요. 그 질문이 내가 찾는 일과 무슨 상관이 있나요?"

그들은 멈췄다. 그리고 말했다. "당신은 분명히 미쳤군요!"

라비아는 말했다. "좋아요. 당신들이 정말 궁금하다면 얘기해주죠. 나는 내 집에서 바늘을 잃어버렸어요."

그들이 물었다. "그런데 왜 당신은 여기서 바늘을 찾고 있나요?"

라비아는 이렇게 대답했다고 전해진다. "왜냐하면 여기에는 빛이 있지만, 집 안에는 빛이 없기 때문이에요."

태양이 지고 있었으며 길 위에는 아직 약간의 빛이 남아 있었다.

이 우화는 매우 의미심장한 이야기다. 당신은 자신이 무엇을 찾고 있는지 스스로 물어본 적이 있는가? 자신이 무엇을 찾고 있는지를 알기 위해 깊이 명상해 본 적이 있는가? 그렇지 않다. 비록 어떤 흐릿한 순간들에, 꿈을 꾸는 순간들에, 당신은 자신이 무엇을 찾고 있는가를 어느 정도 알았더라도, 그것은 결코 정확하거나 엄밀하지 않다. 당신은 아직 그것을 분명히 파악하지 않았다. 만약 그것을 파악하려 한다면, 그것이 더 분명해질수록 그것을 찾을 필요가 없다는 것을 더욱더 알게 될 것이다. 추구는 오로지 모호한 상태에서, 꿈꾸는 상태에서만 계속될 수 있다. 어떤 것들이 분명하지 않을 때 당신은 그것을 계속 찾는다. 내면의 어떤 충동에 이끌려, 내면의 어떤 절박함에 떠밀려 당신은 한 가지를 알게 된다. 당신이 찾아야 한다는 것을……. 이것은 내적인 필요이다. 하지만 당신은 자신이 찾고 있는 것이 무엇인지를 모른다.

그런데 만약 자신이 찾고 있는 것이 무엇인지를 모른다면, 어떻게 그것을 찾을 수 있겠는가? 그것은 모호하다. 당신은 그것이 돈이나 권력, 명예, 존경 속에 있다고 생각한다. 하지만 그렇다면 존경받는 사람들, 권력을 가진 사람들을 보라. 그들도 역시 찾고 있다. 엄청난 부자들을 보라. 그들도 역시 찾고 있다. 목숨이 다하는 순간까지 그들은 찾고 있다. 따라서 부유함은 도움이 되지 않을 것이다. 권력은 도움이 되지 않을 것이다. 무엇을 가지고 있건 상관없이 추구는 계속된다.

그러니 분명 다른 무엇을 찾고 있을 것이다. 돈, 권력, 명예 등 이런 이름들, 이런 딱지들은 단지 당신의 마음을 만족시키려는 것일 뿐이다. 그것들은 당신이 다른 어떤 것을 찾고 있다고 느끼도록 돕기 위한 것일 뿐이다. 그 어떤 것은 여전히 분명하지 않으며, 매우 모호한 느낌일 뿐이다.

진정한 추구자, 약간 알아차리게 된 추구자가 먼저 할 일은 그 추구를 분명히 하는 것이다. 그것이 무엇인지, 그것의 개념을 뚜렷하게 하는 것이다. 그것을 꿈꾸는 의식의 밖으로 끄집어내는 것이다. 그것을 똑바로 들여다보고 직면하는 것이다. 그러면 즉시 변형이 일어나기 시작한다. 만약 당신의 추구를 분명히 하기 시작한다면, 당신은 추구에 관한 관심을 잃기 시작할 것이다. 그것이 더 분명해질수록 덜 추구하게 된다. 그것이 무엇인지 분명히 알려지면, 갑자기 그것은 사라진다. 그것은 오직 당신이 주의를 기울이지 않을 때에만 존재한다.

그것이 반복되도록 하라. 당신이 졸고 있을 때만 추구가 존재한다. 당신이 알아차리지 못할 때만 추구가 존재한다. 알아차리지 못함은 추구를 창조한다.

그렇다. 라비아가 옳다. 안에는 빛이 없다. 안에는 빛이 없고 의식이 없으므로 당연히 당신은 바깥에서 계속 찾고 있다. 바깥에서는 그것이 더욱 분명해 보이기 때문이다.

우리의 감각 기관들은 모두 바깥을 향하고 있다. 눈은 바깥으로 열리고, 손은 바깥으로 움직이고 뻗으며, 다리는 바깥으로 움직이고, 귀는 바깥의 소음과 소리를 듣는다. 모든 감각은 바깥을 향해 열려 있고, 모든 오감은 외향적으로 움직인다. 감각의 빛이 바깥을 비추므로 당신은 자신이 보고 느끼고 만지는 곳에서 찾기를 시작한다. 그런데 찾는 자는 안에 있다.

이런 이분법이 이해되어야만 한다. 찾는 자는 안에 있지만, 빛은 밖에 있다. 그래서 찾는 자는 자신을 충족시킬 무언가를 바깥에서 찾으려 하며 야심 차게 움직이기 시작한다.

그런 일은 결코 일어나지 않을 것이다. 그런 일은 한 번도 일어난 적이 없다. 그런 일은 본래 일어날 수 없다. 찾는 자를 찾지 않으면, 당신의 모든 추구는 무의미하기 때문이다. 당신이 누구인지 알지 못한다면, 당신이 찾는 모든 것은 헛될 뿐이다. 찾는 자를 모르기 때문이다. 찾는 자를 알지 못하고 어떻게 올바른 차원으로, 올바른 방향으로 갈 수 있겠는가? 그것은 불가능하다. 가장 중요한 것이 먼저 고려되어야 한다.

만약 모든 탐구가 멈춰지고, 이제 알아야 할 것이 "내 안의 이 찾는 자는 누구인가? 찾기를 원하는 이 에너지는 무엇인가? 나는 누구인가?"라는 한 가지밖에 없다는 것을 갑작스레 깨닫게 된다면,

변형이 일어난다. 모든 가치는 갑자기 변한다. 당신은 내면으로 움직이기 시작한다.

그러면 더 이상 라비아는 자기 내면의 영혼의 어둠 속 어딘가에서 잃어버린 바늘을 도로 위에 앉아서 찾지 않는다. 일단 내면으로 움직이기 시작하면…… 처음에 그곳은 매우 어둡다. 라비아가 옳다. 그곳은 매우, 매우 어둡다. 오랜 세월 동안 당신은 내면으로 들어간 적이 없기 때문이다. 당신의 눈은 바깥세상에만 초점이 맞추어져 있었다.

그것을 지켜본 적이 있는가? 때때로 눈부시게 밝은 도로에 있다가 방 안으로 들어올 때면, 갑자기 집 안으로 들어오면, 그곳은 매우 어둡다. 눈이 바깥의 빛에 초점이 맞추어져 있었기 때문이다. 많은 양의 빛이 있을 때는 눈의 동공이 줄어든다. 어둠 속에서는 눈이 풀려야 한다. 그러나 잠시만 앉아 있으면, 머지않아 어둠이 사라진다. 더 많은 빛이 있게 되고, 눈이 익숙해진다.

많은 생애 동안 당신은 바깥에서 뜨거운 태양 아래, 세상 속에 있었다. 그러므로 안으로 들어갈 때 눈을 다시 적응시키는 법을 완전히 잊고 있다. 명상이란 눈을 다시 적응시키는 것에 불과하다. 그리고 만약 당신이 내면을 계속해서 바라본다면, 시간이 걸리겠지만 서서히 조금씩 당신은 내면에서 아름다운 빛을 느끼기 시작할 것이다. 그것은 공세적인 빛이 아니다. 그것은 태양과 같지 않으며 오히려 달과 더 비슷하다. 그것은 눈부시거나 번쩍이는 빛이 아니다. 매우 서늘하다. 그것은 뜨겁지 않다. 매우 자애롭고 매우 진정시키는 빛이다. 고통을 가라앉히는 향유와 같다.

이윽고 내면의 빛에 적응이 되면, 당신은 자신이 바로 근원이라는 것을 알게 될 것이다. 찾는 자가 찾고 있던 대상이었다. 그러면 당신은 자신 안에 보물이 있으며, 그것을 바깥에서 찾고 있던 것이 바로 모든 문제였다는 것을 알게 될 것이다. 당신은 그것을 바깥에서 찾고 있었는데 그것은 언제나 여기 내면에 있었다. 당신은 잘못된 방향에서 찾고 있었다. 그것이 전부다.

58

행위

날마다 같은 일이 일어난다. 당신은 어떤 일을 할 수 있었지만 그 일을 하지 않았다. 그리고 만약 신이 원한다면 어떻게든 그 일이 되게 할 것이라는 말을 변명으로 이용하고 있다. 혹은, 어떤 일을 하고 나서 그 결과를 기다린다. 당신은 기대하지만 결과는 결코 오지 않는다. 그러면 당신은 화를 낸다. 마치 속았다는 듯이, 마치 신이 당신을 배반했다는 듯이, 마치 신이 당신의 뜻에 반대하고 편파적이며 부당하다는 듯이……. 마음속에서 커다란 불만이 일어난다. 신뢰는 실종된다.

종교적인 사람은 인간이 할 수 있는 일이라면 무엇이든지 하지만 그 때문에 긴장하지는 않는 사람이다. 왜냐하면 우리는 이 우주에서 아주아주 작고 미세한 원자들이며, 세상은 매우 복잡하기 때문이다. 나 자신의 행위에만 의존하고 있는 것은 아무것도 없다. 우주에는 종횡으로 움직이는 에너지들이 수없이 많다. 그런 에너지들의 총합이 결과를 결정한다. 내가 어떻게 결과를 결정할 수 있겠는가? 하지만 만약 내가 아무것도 하지 않는다면, 세상은 결코 지금처럼 있지 않을지도 모른다. 나는 해야 하지만, 기대하지 않는 법을 배워야 한다. 그러면 행위는 일종의 기도가 되며, 결과가 어떠해야 한다는 욕망이 없이 이루어진다. 그러면 좌절이 없다. 신뢰는 좌절하지 않도록 도울 것이다. 낙타를 밧줄에 매어 두면, 당신은 살아 있게 될 것이다. 강렬하게 살아 있을 것이다.

행위

알라를 신뢰하라. 그러나 먼저 네 낙타를 매어 놓아라.

이 수피 속담은 세 번째 유형의 사람, 진정한 사람을 만들어 내기 위한 것이다. 그러한 사람은 행위와 무위를 아는 사람이다. 그는 필요할 때는 행위자가 될 수 있고 "예!"라고 말할 수 있으며, 필요할 때는 수동적이 될 수 있고 "아니오!"라고 말할 수 있는 사람이다. 그는 낮에는 완전히 깨어 있고, 밤에는 완전히 잠을 자는 사람이다. 그는 숨을 들이쉬는 법과 내쉬는 법을 아는 사람이다. 그는 삶의 균형을 아는 사람이다.

"알라를 신뢰하라. 그러나 먼저 네 낙타를 매어 놓아라." 이 속담과 관련된 일화가 있다.

스승이 제자와 여행을 하고 있었다. 제자는 낙타를 책임지고 있었다. 밤에 묵을 곳에 도착한 그들은 몹시 피곤했다. 낙타를 매는 것은 제자의 의무였다. 하지만 피곤했던 그는 낙타를 매어 두지 않고 밖에 그냥 놓아두었다. 대신에 "낙타를 보살펴 주소서."라고 신에게 기도한 뒤 잠이 들었다.

아침에 보니, 낙타는 사라지고 없었다. 도난을 당했는지, 혼자 어디로 떠났는지, 무슨 일이 일어났는지는 알 수가 없었다. 스승이 물었다. "낙타에게 무슨 일이 생긴 것이냐? 낙타는 어디 있느냐?"

그러자 제자가 대답했다. "모르겠어요. 신에게 물어보세요. 저는 너무 피곤해서 낙타를 돌봐 달라고 알라 신께 기도했거든요. 그래서 저도 몰라요. 신께 분명히 말씀드렸으니, 제게는 책임이 없어요. 신께서 제 말을 못 알아들으셨을 리는 만무해요. 사실 한 번만 말씀드린 게 아니라 세 번이나 말씀드렸거든요. 스승님께서는 늘 '알라를 신뢰하라.'고 가르치시잖아요. 그래서 신뢰한 거예요. 그러니 화난 얼굴로 저를 보지 마세요."

스승이 말했다. "알라를 신뢰하라. 그러나 먼저 네 낙타를 매어 두어라. 알라는 너의 손 말고는 다른 손이 없기 때문이다."

신이 낙타를 매어 두려 한다면, 누군가 다른 이의 손을 이용해야만 할 것이다. 신에게는 다른 손이 없기 때문이다. 그것은 당신의 낙타이지 않은가! 가장 좋고 가장 쉽고 가장 빠른 길은 당신의 손을 이용하는 것이다. 알라를 신뢰하라. 당신의 손만을 신뢰하지는 말

라. 그렇지 않으면 당신은 긴장하게 될 것이다. 낙타를 매어 두고 나서 알라를 신뢰하라. 당신은 이렇게 물을지도 모른다. "내가 직접 낙타를 매어 놓는다면 왜 알라를 신뢰해야 하는가?" 왜냐하면 매어 놓은 낙타도 도둑맞을 수 있기 때문이다. 당신이 할 수 있는 일은 무엇이든지 다 하라. 그 행위가 결과를 확실하게 해 주지는 않는다. 보장은 없다. 그러므로 무엇이든지 자신이 할 수 있는 일을 하되, 무슨 일이 일어나든지 그것을 받아들여라. 이것이 낙타를 매어 둔다는 의미다. 할 수 있는 일은 무엇이든지 하라. 책임을 회피하지 말라. 그 다음에 만약 아무 일도 일어나지 않거나 뭔가가 잘못되어 간다면, 알라를 신뢰하라. 그러면 그분은 무엇이 최선인지 안다. 그렇지 않다면 아마 낙타 없이 여행하는 것이 우리에게 좋은 일일지도 모른다.

알라를 신뢰하면서 게으름을 피우기는 매우 쉽다. 알라를 신뢰하지 않으면서 행위자가 되기는 매우 쉽다. 세 번째 유형의 사람이 되기는 어렵다. 그는 알라를 신뢰하면서도 행위자인 사람이다. 그때 당신은 도구일 뿐이다. 신이 진정한 행위자이며, 당신은 그의 손 안에 있는 도구일 뿐이다.

59

여행

슬픔과 고통과 괴로움, 이 모든 것을 심각하지 않게 받아들여야 한다. 그것들을 심각하게 받아들일수록 그것으로부터 빠져나오기가 더욱 힘들기 때문이다. 덜 심각할수록 당신은 고통을, 어두운 밤을 노래 부르며 통과할 수 있을 것이다. 만약 노래를 부르고 춤을 추며 어두운 밤을 통과할 수 있다면, 왜 쓸데없이 자기 자신을 괴롭히겠는가?

여기에서 여기로 오는 이 여행 전체를 한바탕 웃고 넘길 아름다운 것으로 만들어라.

여행

"비록 그대가 맹세를 천 번이나 깨뜨렸을지라도······"

여기 위대한 수피 스승 가운데 하나인 메블라나 잘랄루딘 루미의 아름다운 노래가 있다.

오라, 오라, 그대가 누구든지 간에,

방황하는 자, 경배하는 자, 배움을 사랑하는 자······

그것은 중요하지 않다.

우리의 삶은 절망의 대상(隊商)이 아니다.

오라, 비록 그대가 맹세를

천 번이나 깨뜨렸을지라도.

오라, 오라, 그래도 다시 오라.

이 아름다운 문장을 기억하라. "우리의 삶은 절망의 대상(隊商)이 아니다." 이렇게 말할 수도 있다. 우리의 삶은 절망의 대상(隊商)이 아니다. 그것은 축제다. 축제의 삶이다. 사람들은 고통으로 인해 종교적이 된다. 고통으로 인해 종교적이 된 사람은 그릇된 이유들로 종교적이 된 것이다. 시작이 잘못되면 끝도 올바를 수 없다.

기쁨으로 인해, 당신을 둘러싸고 있는 아름다움의 경험들로 인해, 신이 당신에게 준 삶의 커다란 선물로 인해 종교적이 되라. 감사함으로 인해 종교적이 되라. 당신의 사원들, 교회들, 모스크들, 구르드와라들은 비참한 사람들로 가득 차 있다. 그들은 당신의 사원들을 지옥들로 바꾸어 놓았다. 그들이 거기에 있는 까닭은 고통 속에 있기 때문이다. 그들은 신을 알지 못하며, 신에게 관심이 없다. 그들은 진리에 관심이 없다. 거기에는 탐구가 없다. 그들은 위로를 받기 위해, 위안을 받기 위해 그곳에 있을 뿐이다. 그러므로 그들은 자신의 삶을 미봉하고 상처를 숨기고 비참함을 덮어 가리도록 값싼 신앙들을 줄 수 있는 사람을 찾는다. 그들은 어떤 잘못된 만족을 구하기 위해 그곳에 있다.

우리의 삶은 절망의 대상(隊商)이 아니다. 그것은 기쁨과 노래, 춤, 음악, 창조성, 사랑과 삶의 사원이다.

당신은 모든 규칙, 행위의 규칙, 도덕성의 규칙을 깨뜨렸을지도

모른다. 그것은 중요하지 않다. 사실, 배짱이 있는 자만이 그런 규칙들을 깨뜨릴 수 있나

나는 잘랄루딘 루미에게 동의한다. 그는 말한다.

오라, 비록 그대가 맹세를 천 번이나 깨뜨렸을지라도.

지성적인 사람들은 자신의 모든 맹세를 수없이 많이 깨뜨렸을 것이다. 삶은 계속 변하고 있고, 상황들이 계속 변하고 있기 때문이다. 그리고 맹세는 아마도 지옥에 대한 두려움, 천국에 대한 욕심, 사회에서의 체면과 같은 압력 하에서 이루어질 것이다. 그것은 당신의 가장 깊은 내면의 핵에서 나온 것이 아니다. 어떤 것이 자신의 내적 존재로부터 나온다면, 그것은 결코 깨뜨려지지 않는다. 하지만 그러면 그것은 맹세가 아니라, 숨 쉬는 것과 같은 단순한 현상일 뿐이다.

오라, 오라, 그래도 다시 오라!

모든 사람이 환영을 받는다, 어떤 조건도 없이. 어떠한 조건도 충족시킬 필요가 없다.

모든 기성 종교에 대한 반란이 필요한 때가 왔다. 세상에는 종교성이 필요하지만 종교들은 더 이상 필요하지 않다. 힌두교인들도, 기독교인들도, 무슬림들도 더 이상 필요치 않다. 오로지 순수하게 종교적인 사람들, 자기 자신을 더없이 존중하는 사람들이 필요할 뿐이다.

60

웃음

웃음은 영원하고, 삶도 영원하며, 축제는 계속된다. 배우들은 바뀌지만 드라마
는 계속된다. 물결은 변하지만 바다는 계속된다. 당신은 웃는다. 당신은 변한
다. 그리고 다른 사람이 웃는다. 하지만 웃음은 계속된다. 당신이 축제를 즐기
고, 다른 사람이 축제를 즐긴다. 하지만 축제는 계속된다. 존재는 계속된다. 그
것은 연속체다. 존재 안에는 한 순간의 틈도 없다. 죽음은 죽음이 아니다. 모
든 죽음은 새로운 문을 열기 때문이다. 그것은 시작이다. 삶에는 끝이 없다.
언제나 새로운 시작과 부활이 있다.

만약 당신의 슬픔을 축제로 바꾼다면, 당신은 죽음도 부활로 바꾸게 될 것이
다. 그러므로 아직 시간이 있을 때 그 기술을 배워라.

웃음

중국 신비가의 마지막 기습

　나는 세 명의 중국 신비가들에 대하여 들은 적이 있다. 그들의 이름을 아는 사람은 아무도 없다. 그들은 '세 명의 웃는 성자'로만 알려졌다. 그들은 언제나 웃기만 했기 때문이다.

　그들은 정말 아름다웠다. 웃으면 그들의 복부가 흔들렸다. 그러면 그 웃음이 전염되어 다른 사람들도 따라 웃기 시작했고, 시장 전체가 웃곤 했다. 방금 전까지만 해도 시장은 사람들이 돈만을 생각하는 추한 곳이었는데, 갑자기 이 세 명의 미친 사람들이 와서 시장 전체의 성질을 바꾸어 버렸다. 이제 시장에 있는 사람들은 자신들이 물건을 사고팔기 위해 그곳에 왔다는 사실을 완전히 잊어버렸다. 아무도 욕심을 부리지 않았다. 잠시 새로운 세계가 열렸다.

　그 세 사람은 중국의 방방곡곡을 돌아다니며 사람들이 웃도록 도와 주었다. 슬픈 사람들, 화난 사람들, 탐욕스런 사람들, 질투하는 사람들, 모두들 이 세 사람과 함께 웃기 시작했다. 그리고 많은 사람들이 중요한 것을 깨달았다. 자신도 변화될 수 있다는 것을……

그러던 어느 날, 한 마을에서 세 사람 중 한 명이 죽었다. 마을 사람들은 모여 말했다. "이제 문제가 생기겠군. 이제 그들이 어떻게 웃는지 한번 봐야겠어. 친구가 죽었으니 분명히 울고 말거야." 하지만 두 사람은 죽음을 축하하며 웃고 춤을 추며 왔다. 마을 사람들은 말했다. "이것은 너무 심합니다. 누군가 죽었을 때 웃고 춤추는 것은 모독입니다." 두 사람이 대답했다. "우리는 평생 그와 함께 웃었습니다. 그를 배웅하면서 우리가 어떻게 다른 것을 줄 수 있겠습니까? 우리는 웃어야 합니다. 즐거야 합니다. 축하해야 합니다. 평생 웃으며 살았던 사람을 배웅하는 길은 이뿐입니다. 그는 죽지 않습니다. 어떻게 웃음이 죽을 수 있겠습니까, 어떻게 삶이 죽을 수 있겠습니까?"

시신을 화장하기 전에 마을 사람들이 말했다. "우리는 예법대로 그의 몸을 닦겠습니다." 그러자 두 명의 친구들이 말했다. "아니오, 우리의 친구는 '어떤 의식도 행하지 말고, 내 옷도 갈아입히지 말고, 몸도 닦지 말아 주게. 그냥 지금 이대로 장작더미 위에 올려놓아 주게.'라고 말했습니다. 그래서 우리는 유언을 따라야 합니다."

갑자기 놀라운 일이 일어났다. 시신에 불이 붙기 시작하자, 노인은 마지막 장난을 쳤다. 그는 많은 폭죽을 옷 아래에 숨겨 놓았던 것이다. 그래서 장례는 갑자기 축제로 변했다! 마을 전체가 웃기 시작했다. 두 친구가 춤을 추자, 마을 전체가 춤을 추기 시작했다. 그것은 죽음이 아니었다. 새로운 삶이었다.

저자 소개

　오쇼의 가르침은 분야를 막론하고 의미를 향한 개인적인 물음에서부터 오늘날의 사회가 직면하고 있는 시급한 사회 문제나 정치적인 이슈를 망라한다. 오쇼의 책들은 그가 35년 동안 여러 나라의 청중들 앞에서 한 이야기들을 오디오나 비디오로 기록한 것을 풀어 쓴 것이다. 런던의 〈선데이 타임스〉는 그를 '20세기를 만든 1,000명의 위인 중 한 사람'으로 묘사했고, 미국의 작가 톰 로빈스는 '예수 이후 가장 위험한 인물'이라고 말했다.

　오쇼는 자신의 역할이 새로운 인류의 탄생을 위한 조건을 창조하는 데 도움을 주었다고 말한다. 그는 종종 새로운 인류를 '조르바 더 붓다(Zorba the Buddha)'라고 규정하곤 했다. 조르바의 세속적

쾌락과 붓다의 조용한 평온을 둘 다 즐길 수 있는 능력을 가지고 있다는 의미이다. 오쇼 작품의 이면에 실처럼 엮여 있는 것은 동양의 무한한 지혜와 서구의 과학 기술을 모두 포괄하는 잠재적인 조회를 나타낸다.

또한 오쇼는 가속화되는 현대 생활의 속도를 받아들이는 명상적 접근법으로 내면을 변화시키는 데 혁명적인 공헌을 했다. '긍정적인 명상'은 몸과 마음에 축적된 스트레스를 방출시키며, 생각에는 자유로운 이완된 상태가 되는 명상을 경험하기 위해 쉽게 만들어준다.

오쇼의 자서전에는 〈Autobiography of a Spiritually Incorrect Mystic〉, 〈Glimpses of a Golden Childhood〉 등 두 권이 있다.

오쇼 국제 명상 휴양지

오쇼 국제 명상 휴양지는 휴일을 보내기 위한 최상의 장소이자, 각성과 이완과 즐거움으로 가득한 새로운 삶의 방식을 직접 경험하도록 만들어진 곳이다. 인도의 뭄바이에서 남쪽으로 100마일 떨어진 뿌나에 위치한 이 휴양지는 매년 100여 개 나라에서 방문하는 수천 명의 사람들에게 다양한 프로그램을 제공하고 있다. 나무들이 늘어선 코레곤 파크에 자리 잡은 이 휴양지는 약 40에이커에 달한다. 방문객을 위한 주거 시설은 제한되어 있으나, 가까운 거리에 호텔과 임대할 수 있는 개인 아파트들이 있어 며칠에서 몇 달에 이르기까지 거주가 가능하다.

휴양지 프로그램은 매일의 생활에서 창조적으로 참여하고, 침묵과 명상으로 쉴 수 있는 새로운 인류의 스타일을 만드는 오쇼의 비전을 바탕으로 하고 있다. 다양한 개인 모임과 강의, 건강치료, 심리치료, 과학, 스포츠와 여가 이용에 선의 방식으로 접근하는 워그숍에서부터 인간관계에 대한 문제, 중요한 인생 변화 등에 대한 다양한 프로그램이 이루어지고 있다. 개인 수업과 집단 워크숍은 1년 동안 계속 제공되며, 매일 매일의 명상 스케줄이 제공된다. 휴양지 안에 있는 노천 카페와 레스토랑에서는 전통적인 인도 음식과 농장에서 키운 유기농 야채들로 만들어진 여러 나라의 음식이 제공된다. 이곳은 개인이 안전한 음식과 물을 먹을 수 있는 곳이다.

www.osho.com/resort

변형

초판 1쇄 발행 2009년 4월 22일
     4쇄 발행 2024년 9월 3일

지은이   오쇼
옮긴이   이선화
펴낸이   황정선
펴낸곳   슈리 크리슈나다스 아쉬람
출판등록   2003년 7월 7일 제62호
주소   경남 창원시 의창구 북면 신리길 35번길 12-12
대표전화   (055) 299-1399
팩시밀리   (055) 299-1373
전자우편   krishnadass@hanmail.net
카 페   cafe.daum.net/Krishnadas

ISBN 978-89-91596-22-1   03270

Printed in Korea

* 잘못 만들어진 책은 바꾸어 드립니다.